가장 쉬운
동영상
편집

박영진, 김효창 지음

정보문화사
Information Publishing Group

가장 쉬운 동영상 편집

초판 1쇄 인쇄 | 2021년 1월 15일
초판 1쇄 발행 | 2021년 1월 20일

지 은 이 | 박영진, 김효창
발 행 인 | 이상만
발 행 처 | 정보문화사

책 임 편 집 | 노미라
디 자 인 | 손정수

주   소 | 서울시 종로구 동숭길 113 정보빌딩
전   화 | (02)3673-0037(편집부) / (02)3673-0114(代)
팩   스 | (02)3673-0260
등   록 | 1990년 2월 14일 제1-1013호
홈 페 이 지 | www.infopub.co.kr

I   S   B   N | 978-89-5674-902-0

이 책은 간단한 영상 편집부터 감각적인 영상까지 한 권으로 빠르고 쉽게 익힐 수 있도록 구성되어 있습니다. 그렇기 때문에 필요할 때마다 찾아쓸 수 있는 가장 완벽한 프리미어 프로 입문 활용서입니다.

많은 사람들이 유튜브를 보기 시작하면서, 누구나 한번쯤 영상 편집을 해보고 싶다는 생각을 했을 것입니다. 그렇게 영상 편집을 배우고 싶어 필자의 영상 편집 수업을 찾은 많은 분들이 모두 이렇게 이야기했습니다.
'막상 선생님과 함께 배워보니까 쉬운 것 같은데, 구입한 책들은 너무 어려워요'.
그래서 필자는 3년 동안 진행해오고 있는 오프라인 강의 내용을 토대로 수강생들이 필요로 하고 궁금해했던 여러 가지 질문에 대한 답을 이 책에 담았습니다.

누구나 이 책을 통해 차근차근 쉽게 따라하다 보면 익히게 되고, 자신이 원하는 영상 편집 스타일을 쫓아갈 수 있도록 구성했습니다. 이 책을 마칠 때쯤이면 단순히 유튜브뿐만 아니라 회사, 그리고 영상 편집이 필요한 다양한 분야에서 활용할 수 있을 것입니다.
이 책은 가장 최신 버전인 프리미어 CC 2020 버전으로 작성되었습니다. 온라인, 오프라인 영상 강의를 통해 수천 명의 수강생들에게 검증받은, 그리고 처음 영상 편집을 배우는 분들을 가장 잘 이해하고 있는 필자가 자신 있게 쓴 매우 쉽고 빠른 프리미어 프로 입문서가 될 것입니다.

 탈잉 오프라인 영상 강의(https://taling.me/Talent/Detail/6587)
이 책을 구매하신 분에 한해 1+1 수강권을 드립니다.

 카카오 채널(http://pf.kakao.com/_nFtBK)
오프라인 강의는 카카오 채널을 추가하신 후 문의주세요.

저자 씀

좋은 영상이란 무엇일까?

본 교재는 어도비에서 제공하고 있는 프리미어 프로(Premiere Pro)라는 편집 프로그램을 활용한 영상 편집 기술을 담은 저서입니다. 하지만 과연 영상 편집 기술만으로 내가 원하는 영상을 만들 수 있을까요? 클라이언트의 의뢰를 받아서 제작을 하거나, 혹은 개인이 만들어 보려는 영상 등 모든 영상들은 단순히 편집 기술만 알아서는 좋은 결과물을 만들 수 없습니다.

영상은 크게 기획, 촬영, 편집의 세 단계를 거쳐서 만들어집니다. 모든 과정을 정확히 알 필요는 없지만 최종적으로 만들어지는 결과물이 어떤 시청자를 위한 영상이고, 어떤 콘셉트를 가지고 있으며, 촬영된 장면들을 어떤 방식으로 구성할지에 대한 큰 틀은 반드시 염두에 두고 편집을 진행해야 합니다. 이와 같은 부분들은 영상 업계에서 활동하는 분들뿐만 아니라 개인 영상을 만드는 분들께도 반드시 해당되는 사항입니다. 편집을 거쳐서 완성된 영상은 반드시 누군가가 시청하게 됩니다. 취미로 유튜브 채널을 운영하는 분이나, 영화를 제작하는 분이나 시청자를 고려하지 않은 편집을 통해 영상을 만든다면, 시청자들의 공감을 이끌어낼 수 없습니다. 단순히 공감을 이끌어내지 못하는 것에서 그치지 않고, 영상 제작자 입장에서는 이후에 또 다른 영상을 만들 수 있는 동기부여가 떨어지게 됩니다. 내가 만든 영상을 좋아해주고 공감해줄 수 있는 시청자를 얻는 것이 영상 제작의 궁극적인 보상이자 다음 영상을 만들 수 있는 원동력이 됩니다.

그렇다면 많은 시청자들에게 공감 받을 수 있는 영상은 어떻게 만들어야 할까요? 이와 같은 고민은 영상 제작 단계 중 기획 단계에서 상당 부분 이루어지게 됩니다. 영상 기획 과정은 타 분야의 기획 과정과 비슷한 맥락을 지니고 있습니다. 1) 어떤 시청자에게 2) 어떤 콘셉트로 3) 어떤 스토리를 전달할 것인지에 대해 세부적인 계획을 세우는 과정입니다. 개인이 제작하는 영상은 해당 과정을 모두 따를 필요는 없지만, 이 세 가지 질문에 대해 명확한 답을 가지고 있는 것이 편집에 도움이 됩니다. 하지만 영상도 시각 창작물의 하나이기 때문에 특정 영상을 만드는 방법이 일관되게 정해져 있는 것은 아닙니다. 따라서 본 교재에서 담고 있는 내용들은 편집 프로그램을 사용하는 기초적인 방법임을 염두에 두어야 합니다.

영상 편집을 시작하기 전에 알아 두어야 할 영상 기초 개념

❶ 해상도(영상 크기)

영상을 만들기 전 필수적으로 알아야 할 개념 중 하나가 '해상도'입니다. 쉽게 말하자면 '영상의 크기'라 볼 수 있지만, 엄연히 해상도와 영상의 크기는 다른 개념입니다.

해상도란 영상 및 이미지를 표시하는 지표로, 1인치당 몇 개의 픽셀 혹은 도트로 이루어졌는지를 나타내는 ppi(pixel per inch) / dpi(dot per inch)의 단위를 사용합니다.

해상도 종류	픽셀 수(가로x세로)
8k UHD(Ultra High Definition)	7680x4320
4k UHD(Ultra High Definition)	4096x2160 3840x2160
QHD(Quad High Definition)	2650x1440
FHD(Full High Definition)	1920x1080
HD(High Definition)	1280x720

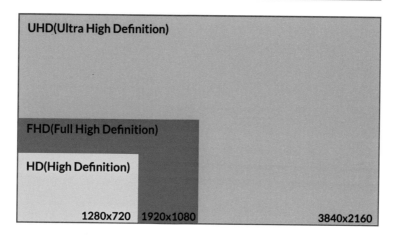

영상 편집을 진행하기에 앞서, 해상도에 대해 정확히 알고 있어야 하는 이유는 다음과 같습니다. 편집을 진행할 때에는 시퀀스(sequence)라는 영상의 틀을 만들고 해당 틀에 촬영해 놓은 영상을 삽입하게 됩니다. 만약 시퀀스의 해상도와 삽입하는 영상의 해상도가 달라지면, 삽입되는 영상이 시퀀스에 맞게 변형되지 않고 원본 해상도 그대로 삽입됩니다.

앞의 그림과 같이 시퀀스의 해상도가 FHD이고 영상의 해상도가 4k UHD라면, 영상의 일부분만 시퀀스에 담기기 때문에 시퀀스 크기만큼의 영상만 보이게 됩니다. 이처럼 해상도의 차이는 영상의 크기 차이라고 볼 수도 있지만, 이는 동일한 ppi상에서 바라보았을 때에 영상의 크기 차이로 보인다는 것을 이해한다면 영상의 크기와 해상도의 차이를 이해했다고 볼 수 있습니다.

❷ 프레임 레이트와 fps

우리가 영상을 볼 때, 해당 영상에 나오는 피사체가 자연스럽게 움직이는 것처럼 보이지만, 이는 실제로 연속된 움직임이 있는 그대로 보이는 것이 아닙니다. 무수히 많은 사진들을 빠르게 지나가도록 만들어놓은 것이 영상이라고 이해하는 편이 알맞습니다. 그리고 각 사진들이 지나가는 속도를 프레임 레이트(frame rate)라고 부릅니다. 이렇게 비연속적인 영상을 시각적으로 자연스럽게 느끼게 해주기 위해 1초당 들어가는 사진의 수를 규격화한 것이 fps(frame per second)라는 영상 단위입니다. 여기서 사진이라는 개념을 영상에서는 프레임(frame)이라고 부릅니다.

그렇다면 영상에서는 1초당 몇 개의 프레임이 들어가야 우리 눈에 자연스럽게 보일까요? 개개인에 따라 느끼는 자연스러움과 부자연스러움의 정도가 다를 수는 있지만, 일반적으로 1초당 15개 이상의 프레임이 들어가게 되면 영상을 자연스럽게 느낍니다. 따라서 15fps 정도의 영상이면 자연스러움을 느낄 수 있지만, 기술적인 부분(Nyquist 정리)에 의해 두 배인 30fps를 사용하는 것이 일반적입니다. 가장 일반적인 단위인 30fps 외에도 24fps, 60fps, 120fps 등 다양한 값의 fps가 있습니다. 육안으로 30fps 영상과 480fps 영상을 구별하기는 쉽지 않습니다. 그렇다면 30fps의 규격만 있으면 되지 않을까요? 물론 시각 세포가 예민하게 반응하는 사람의 경우에는 30fps의 영상보다 60fps의 영상이 더 부드럽게 재생되는 것을 감지할 수 있지만, 이를 위해서 fps 값을 다양하게 규격화한 것은 아닙니다. 실질적인 활용도 측면에서 생각한다면 높은 fps 값의 프레임 레이트를 가진 영상은 슬로우모션을 자연스럽고 부드럽게 보여주기 위함입니다. 만약 30fps로 설정해 놓은 카메라로 영상을 촬영한 후, 편집 시에 속도를 10분의 1로 줄인다고 가정해보겠습니다. 그렇다면 1초에 재생되는 사진, 즉 프레임 수는 30장에서 3장으로 바뀝니다. 해당 영상을 재생해보면 확연하게 끊기는 것을 확인할 수 있습니다. 반대로 프레임 레이트가 240fps인 영상의 속도를 10분의 1로 줄이면 1초당 재생되는 프레임 수가 24장으로 여전히 많기 때문에 시각적으로 자연스러워 보입니다.

프레임 레이트	사용 용도
24fps	일반적으로 영화에서 가장 많이 사용되는 프레임 레이트
30fps	가장 빈번하게 사용되는 프레임 레이트
60fps, 120fps, 240fps 또는 더 높은 값의 fps	액티비티와 같이 활동성이 높거나 빠르게 움직이는 피사체의 영상을 촬영할 때 사용

이처럼 프레임 레이트는 편집 과정에서 영상의 속도를 조절할 때(영상을 느리게 만들 때)에 활용도가 높습니다. 촬영하는 카메라의 설정에서 프레임 레이트는 언제든지 바꿀 수 있고, 모바일에서의 카메라 설정은 다음과 같습니다.

아이폰 11 Pro

갤럭시

카메라 설정에서 볼 수 있듯이 프레임 레이트뿐만 아니라 해상도 설정까지 변경할 수 있습니다. 앞서 해상도 부분에서 언급한 시퀀스 설정에서는 해상도뿐만 아니라 프레임 레이트도 설정해야 하는데, 해당 부분은 시퀀스를 만드는 부분에서 자세히 설명하겠습니다.

목차

머리말

좋은 영상이란 무엇일까?

PART
02 필수적인 영상 디자인

PART 01

프리미어 프로 들어가기

편집 프로그램의 기본 기능들에 대해 알아보겠습니다. 내가 원하는 편집을 하기 위해서는 편집 프로그램의 특정 기능만 아는 것이 작업의 효율성을 높일 수 있을 것 같지만 오히려 그 반대입니다. 예를 들어, 화면의 특정 부분을 확대하는 효과를 만들기 위해 해당 부분만을 학습하면, 이후에 비슷한 효과를 만들기 위해서 다시 학습해야 하는 경우가 생기게 됩니다. 따라서 편집 프로그램의 기초 단계들을 학습한 후 응용하는 방식의 편집 방법이 훨씬 더 효율적입니다. 이번 파트에서는 이와 같은 프로그램의 기초 기능들을 알아보도록 하겠습니다.

01 인터페이스

프리미어의 여러 기능을 익히기에 앞서, 어떤 인터페이스를 갖추고 있는지 알아보겠습니다. 일반적인 디자인 프로그램에 비해 편집 프로그램은 다양한 특성을 지닌 기능들이 있기 때문에 우선적으로 인터페이스에 대한 이해가 이루어져야 합니다.

1. 프로젝트 파일 만들기

프리미어 프로를 처음 실행하면 다음과 같은 화면이 나타납니다.

좌측에 있는 [새 프로젝트]를 클릭합니다.

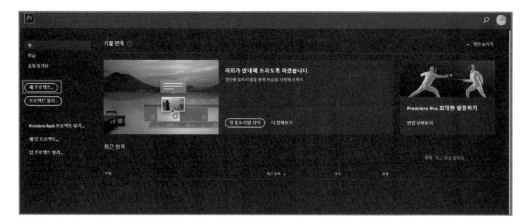

새 프로젝트를 만들 수 있는 창이 나타납니다. 편집을 시작하기 전, 다음과 같이 프로젝트 파일을 만들어주는 작업을 진행합니다. 프로젝트 파일은 프리미어 프로 파일로, 영상 편집 작업 내역을 저장하는 파일입니다.

프로젝트 파일을 만들면 앞에서 설정한 위치(저장 경로)에 다음과 같은 이미지의 파일이 생성됩니다. 프로젝트 파일은 작업 내역을 저장하는 파일이기 때문에 영상이나 이미지, 오디오 파일과 같이 아무리 원본 파일을 불러오더라도 해당 프로젝트 파일에는 저장되지 않습니다. 작업하던 컴퓨터에서 다른 컴퓨터로 프로젝트 파일만 옮겨서 실행시키면, 원본 파일들이 없기 때문에 작업을 진행할 수 없습니다.

2. 작업 패널 설정하기

새 프로젝트를 만드는 창에서 몇 가지 설정을 바꾸면 작업 효율을 높이는 데 도움이 됩니다. 포토샵과 일러스트레이터와 같은 이미지 작업 프로그램에 비해 영상 편집 프로그램은 상대적으로 무거울 수밖에 없기 때문에 렌더러의 설정을 변경하면 조금 더 빠르게 작업을 진행할 수 있습니다. 다음과 같이 렌더러 항목을 클릭하면 컴퓨터의 사양에 따라 한 개에서 세 개까지의 항목이 나타납니다. 위에 있는 항목일수록 작업 속도를 더 빠르게 해주는 설정이기 때문에 가장 위에 있는 항목(다음 그림과 같은 경우 'Mercury 재생 엔진 GPU 가속(CUDA)')을 선택합니다(각 항목은 컴퓨터와 영상 처리에 관한 기술적인 부분이기 때문에 자세한 설명은 생략합니다).

다음으로 설정할 부분은 캡처 형식입니다. 캡처 형식 항목을 클릭하면 DV와 HDV 두 가지 항목이 나타납니다. 촬영한 카메라의 설정이 DV라면 DV 설정으로, HDV라면 HDV 설정으로 맞춰주는 것이 일반적이지만, 근래에 출시되는 대부분의 카메라는 HDV 설정이 기본이기 때문에 HDV로 설정합니다(해당 부분은 작업에 거의 영향을 미치지 않으므로 반드시 변경할 필요는 없습니다).

설정을 마친 후 [확인] 버튼을 클릭하면 다음과 같은 화면이 나타납니다. '학습', '소스', '프로젝트' 등의 영역을 '패널'이라고 합니다.

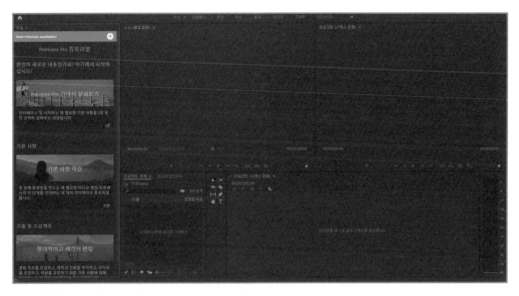

첫 번째로 살펴볼 패널은 상단의 작업 영역입니다. '학습', '어셈블리', '편집' 등을 클릭해보면 프로그램의 인터페이스가 변형되는 것을 볼 수 있습니다.

작업 영역의 어떤 부분을 클릭하더라도 프리미어의 모든 기능은 똑같이 사용할 수 있습니다. 그러면 인터페이스의 모양이 바뀌면 어떤 점에서 유용할까요? 지금은 인터페이스가 작업에 어떤 영향을 미치는지 알 수 없지만, 편집을 진행하다 보면 인터페이스의 모습에 따라 작업 효율이 높아지는 것을 경험할 수 있습니다. 본 교재에서는 작업 영역의 '효과' 부분의 인터페이스 모양으로 대부분 진행하도록 하겠습니다. 작업 영역의 '효과'를 클릭하면 다음과 같이 인터페이스가 변경됩니다.

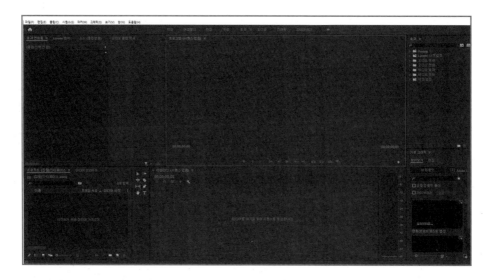

3. 각 패널 알아보기

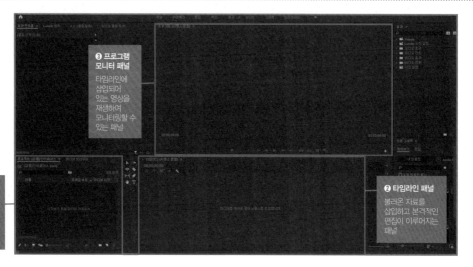

❸ **프로그램 모니터 패널**
타임라인에 삽입되어 있는 영상을 재생하여 모니터링할 수 있는 패널

❶ **프로젝트 패널**
촬영한 영상, 음악(BGM), 효과음, 사진, 이미지 등을 불러오고 관리할 수 있는 패널

❷ **타임라인 패널**
불러온 자료를 삽입하고 본격적인 편집이 이루어지는 패널

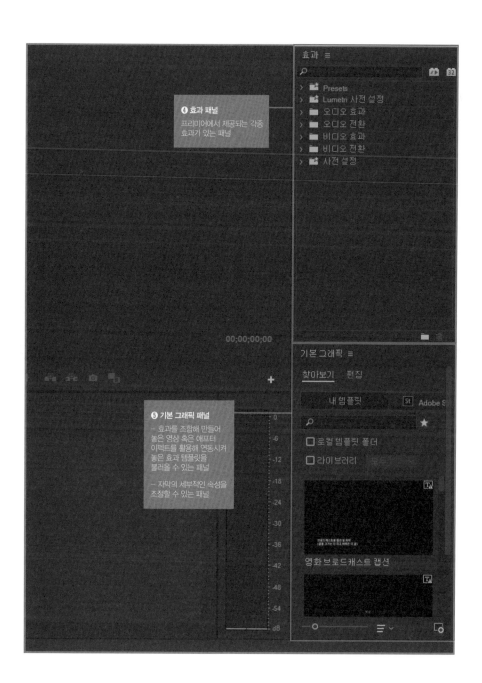

④ 효과 패널
프리미어에서 제공되는 각종
효과가 있는 패널

효과 ≡

> Presets
> Lumetri 사전 설정
> 오디오 효과
> 오디오 전환
> 비디오 효과
> 비디오 전환
> 사전 설정

00;00;00;00

기본 그래픽 ≡

찾아보기   편집

내 템플릿   St Adobe S

□ 로컬 템플릿 폴더
□ 라이브러리

영화 브로드캐스트 캡션

⑤ 기본 그래픽 패널
– 효과를 조합해 만들어
놓은 영상 혹은 애프터
이펙트를 활용해 연동시켜
놓은 효과 템플릿을
불러올 수 있는 패널

– 자막의 세부적인 속성을
조절할 수 있는 패널

0
-6
-12
-18
-24
-30
-36
-42
-48
-54
dB

이 밖에도 프리미어의 설정을 통해 다양한 패널들을 확인할 수 있습니다. 각 패널은 화면의 다른 위치로 이동시킬 수 있으며 편집자가 원하는 패널만 골라서 해당 인터페이스를 저장시킬 수도 있습니다. 이와 관련한 내용은 뒷부분에서 다루겠습니다. 여기서 각 패널들을 자세히 다루기보다는 직접 활용해보며 익히는 것이 훨씬 더 간편하기 때문에 패널 소개를 마치겠습니다.

02 원본 영상/이미지/오디오 파일 불러오기

작업을 시작하기 위해서는 촬영한 영상, 이미지, 음악 파일 등을 불러와야 합니다. 이와 같은 파일들을 불러오고 관리하는 영역이 프로젝트 패널입니다. 프로젝트 패널에서 파일을 불러오고 관리하는 방법을 알아보겠습니다.

❶ 파일 → 가져오기

프로그램 상단의 [파일] 메뉴에서 [가져오기]를 클릭하여 파일을 불러올 수 있습니다.

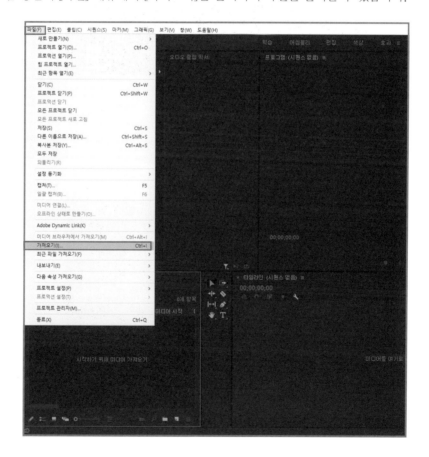

❷ 프로젝트 패널에서 불러오기

프로젝트 패널의 중간 부분을 더블클릭하여 파일을 불러옵니다.

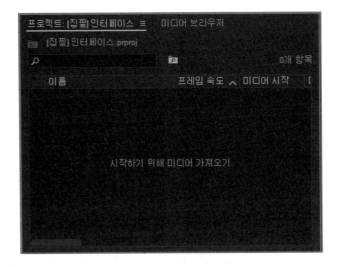

❸ 폴더에서 직접 드래그하기

불러오려는 파일이 있는 폴더를 열고 파일을 직접 프로젝트 패널로 드래그하여 불러올 수 있습니다. 그림과 같이 '카페_1'과 '매장_1' 파일을 불러옵니다.

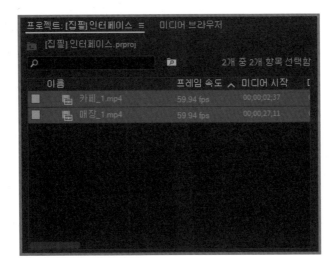

파일을 불러오면 각 파일의 이름과 정보가 나타납니다. 만약 불러온 영상들이 어떤 영상인지 간략하게 확인하고 싶다면 좌측 하단의 아이콘 보기█를 클릭합니다. 기본적으로 목록보기 아이콘 █이 선택되어 있고, 해당 아이콘을 선택하면 현재 보이는 파일의 속성을 확인할 수 있습니다.

아이콘 보기로 설정한 후, 영상 위에 마우스를 올려놓고 움직여보면 어떤 영상인지 확인할 수 있습니다.

03 영상 틀을 만들고 불러온 영상을 자르고 붙이기

이번에는 불러온 영상의 필요 없는 부분을 자르고 이어 붙이는 작업을 해보겠습니다. 본격적인 편집 작업의 가장 첫 번째 작업으로, 해당 작업을 컷 편집이라고 합니다. 막상 해보면 너무나도 쉬운 작업이라 '편집이 이렇게까지 쉬운가?'라는 생각이 들 정도입니다. 하지만 여기서 가장 중요한 것은 '컷 편집을 하는 방법'이 아니라 '어떻게 컷 편집을 할 것인가?'입니다.

발랄하고 경쾌한 느낌의 여행 영상을 만든다고 가정해보겠습니다. 배경 음악도 분위기에 맞게 적당히 빠르면서 밝고 통통 튀는 느낌의 음악을 골라 놓았습니다. 하지만 영상 한 장면, 장면이 꽤나 길게 지속되는 방식으로 잘라 놓았다면 애초에 생각했던 콘셉트와는 전혀 어울리지 않고 마치 다큐멘터리 영상과 같이 차분한 느낌이 들 것입니다. 따라서 어떤 영상을 만들지에 따라 각 장면의 길이와 장면에서 나타내고자 하는 부분이 달라지게 됩니다. 브이로그 영상을 만드는 법, 여행 영상을 만드는 법 등 특별한 규칙이 정해져 있는 것은 아니지만 자신이 생각하는 영상에 따라 잘라야 하는 부분과 그 길이가 어느 정도 정해진다고 생각해야 합니다.

컷 편집 = 만들고자 하는 영상의 콘셉트와 스토리를 정하는 단계

컷 편집을 하기 위해서는 한 가지 준비과정이 필요합니다. 영상 편집을 진행할 수 있는 작업 영역을 만들어야 합니다. 바로 시퀀스(Sequence)라 불리는 작업 영역입니다. 시퀀스는 다음 그림과 같이 앞서 해상도 부분에서 잠깐 언급했던 개념으로, 최종적으로 만드는 영상에 영향을 미치게 됩니다. 다음 그림과 같이 시퀀스라는 영상 틀을 만들고 그 안에 영상을 삽입합니다. 시퀀스

를 만들 때에는 크게 두 가지 요소를 고려해야 합니다. 바로 해상도와 프레임 레이트(fps)로, 인터넷에 업로드하는 영상을 기준으로 가장 많이 사용되는 해상도는 FHD(1920x1080), 프레임 레이트(fps)는 30(혹은 29.97)입니다.

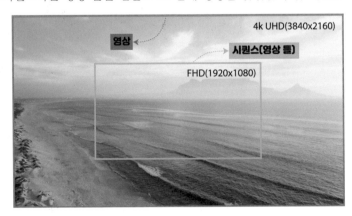

1. 시퀀스 만들기

프로젝트 패널 우측 하단의 새 항목 아이콘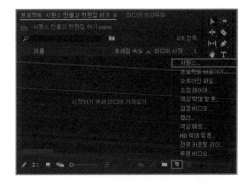을
클릭하여 가장 상단에 있는 '시퀀스'를 클릭합니다.

시퀀스 설정 창이 나타납니다. 처음에 보이는 시
퀀스 사전 설정(Sequence Preset)은 기존에 사용된
시퀀스 설정을 저장해 놓은 것들이며, 일반적으
로 'ARRI 1080p 30' 혹은 'Digital SLR 1080p 30'
이 많이 사용됩니다. 1080은 해상도이며, 30은
fps 값입니다. 여기에서는 'ARRI 1080p 30'을 사
용하겠습니다(사전 설정 값을 선택한 후, 상단의 '설
정'을 클릭하면 세부 속성을 조절할 수 있습니다).

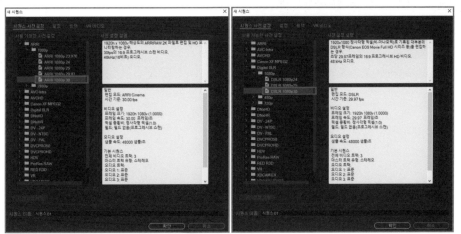

'ARRI 1080p 30'을 선택한 후, 하단의 시퀀스 이름에 원하는 시퀀스 이름을 적고 [확인] 버튼을
클릭합니다.

타임라인 패널에 새로운 창이 만들어지고, 프로젝트 패널에 '컷 편집'이라는 파일이 생성되었습
니다.

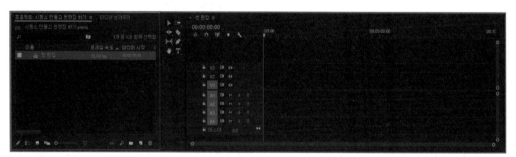

> **TIP**
>
> 시퀀스를 생성하지 않고 영상 파일을 타임라인 패널로 드래그하여 시퀀스를 자동으로 생성할 수도 있습니
> 다. 이와 같은 방법이 훨씬 더 편리하지만 꼭 염두에 두어야 할 부분이 있습니다. 파일을 드래그하여 생성한
> 시퀀스는 해당 파일과 똑같은 속성값을 가지게 됩니다. 즉, 드래그하는 파일의 해상도가 1080에 프레임 레
> 이트가 30fps라면 시퀀스도 1080에 30fps의 속성을 가지게 됩니다. 하지만 파일의 해상도가 4k라면 시퀀스
> 도 4k 크기로 만들어지고, 해당 시퀀스에 1080 해상도를 지닌 다른 영상을 넣으면 시퀀스 크기보다 작게 들
> 어갑니다. 따라서 시퀀스를 직접 만드는 것과 파일을 드래그하여 생성하는 것의 차이점을 반드시 알아두어
> 야 합니다.

2. 컷 편집하기

이제 컷 편집을 시작하기 위해 앞 장에서 사용했던 영상 두 편(카페_1, 매장_1)을 불러옵니다.

불러온 영상 중 하나를 타임라인으로 드래 그하면 클립 불일치 경고 창이 나타납니다. 해당 창이 나타나게 되는 이유는 시퀀스의 속성과 시퀀스에 삽입하려는 파일의 속성이 다르기 때문입니다. 생성한 시퀀스의 속성은 해상도 1080에 프레임 레이트 30fps이지만, 넣으려는 파일의 속성은 해상도 1080에 프레임 레이트 59.94fps입니다. 프레임 레이트가 다르기 때문에 나타나는 현상으로, 경고창에 떠 있는 두 가지 선택지에 대해 알아보겠습니다.

❶ 시퀀스 설정 변경: 시퀀스의 속성을 변경
❷ 기존 설정 유지: 생성한 시퀀스의 속성을 그대로 이용
　→ 약 60fps의 값을 가지고 있는 파일이 시퀀스에 들어가게 되면 30fps로 변형됩니다.

여기서는 [기존 설정 유지]를 선택합니다.

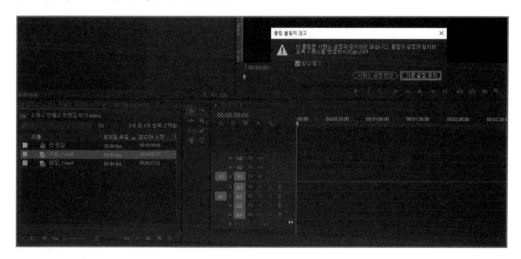

타임라인에 영상이 들어갔고, 바로 위의 프로그램 모니터 패널에 영상이 나타났습니다.

Space bar 를 누르면 영상이 재생
되는 것을 확인할 수 있습니다. 이
때 타임라인 안에서 움직이고 있
는 파란색 세로 막대기를 인디케이
터(Indicator)라 부릅니다. 프로그램
모니터 패널에 보이는 영상의 위치
가 곧 인디케이터가 가리키고 있는
위치입니다. 인디케이터는 마우스
로 드래그하거나 타임라인 상단의
눈금을 클릭하여 원하는 곳으로 바
로 이동할 수 있습니다.

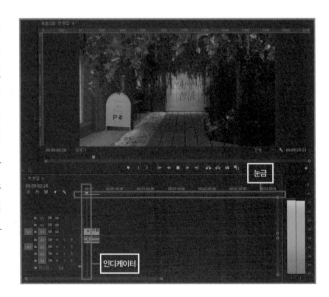

타임라인의 좌측에는 V1, V2, V3 / A1, A2, A3, A4와 같이 여러 층이 나뉘어져 있습니다. V1, V2, V3는 비디오 트랙(Video Track), A1, A2, A3, A4는 오디오 트랙(Audio Track)입니다. 트랙과 관련된 부분은 여러 영상을 중첩하거나 자막을 넣을 때 사용되므로 해당 부분에서 자세히 다루도록 하겠습니다.

영상을 자르기에 앞서, 타임라인을 확대/축소해보겠습니다. 작업시 자주 사용하는 기능이므로 반드시 익히는 것이 좋습니다.

❶ 타임라인 하단의 바 양쪽 끝 부분의 원형 모양 조절하기

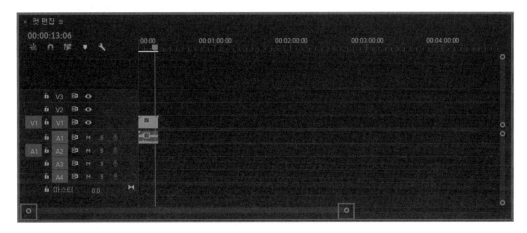

❷ 단축키: Alt 를 누른 채로 마우스 휠 조절하기
　→ 이때 마우스 커서가 타임라인 안에 있어야 확대/축소가 가능합니다.

TIP

Alt 를 누르지 않고 마우스 휠로만 조절하면 타임라인을 좌우로 움직일 수 있습니다.

바의 오른쪽 끝부분의 원형 모양 아이콘을 조절하여 확대해보았습니다.

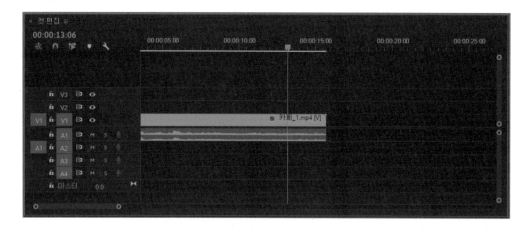

다음으로 두 번째 영상(매장_1)을 넣어보겠습니다. 영상을 타임라인에 넣을 때 주의해야 할 점은 두 개의 영상이 중첩되지 않도록 넣는 것입니다. 만약 두 번째 영상을 겹쳐 넣는다면 타임라인에 있던 영상은 중첩된 만큼 지워집니다. 따라서 첫 번째 영상의 끝부분에 넣습니다. 두 번째 영상을 드래그해 넣을 때 타임라인에 있는 영상의 끝부분에서 약간 붙는 느낌이 나기 때문에 겹치지 않고 쉽게 이어 붙일 수 있습니다.

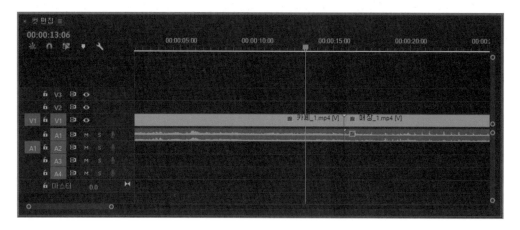

이제 필요 없는 부분을 자릅니다. 영상을 자르기 위해서는 도구 패널에서 도구를 변경해야 합니다. 현재 선택된 도구는 선택 도구 ▶ 이며, 영상을 자르기 위해서는 자르기 도구 ◆ 를 사용해야 합니다.

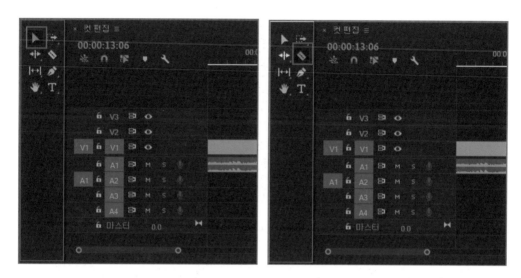

타임라인에 들어가 있는 영상 위에 마우스 커서를 올려놓고 클릭하면 그림과 같이 영상이 잘리는 것을 확인할 수 있습니다. 하지만 이렇게 잘라도 영상에는 아무 변화가 일어나지 않습니다. 정확히 말하면 영상의 구획을 나누었다고 생각하면 됩니다.

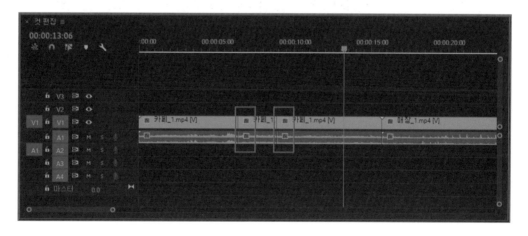

자른 두 부분 중간의 영상을 지우기 위해서 다시 선택 도구 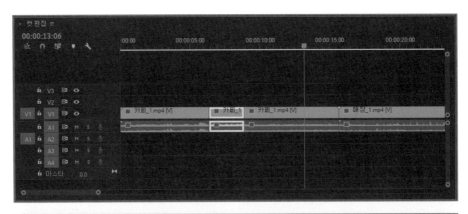로 바꾼 후 해당 부분을 클릭합니다. 선택한 영상 클립은 흰색으로 선택됩니다. 선택한 영상 클립은 Delete 혹은 Backspace 를 누르면 지워집니다.

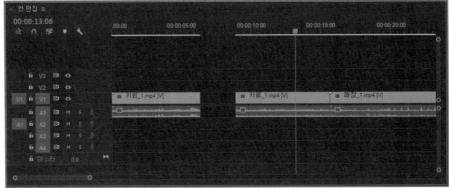

이제 원하는 부분의 영상은 지워졌지만, 영상
클립과 클립 사이의 빈 공간을 그대로 두면
해당 부분의 시간만큼을 영상으로 인식하여
그림과 같이 검은 화면이 나타납니다.

이렇게 생긴 빈 공간을 의도적으로 사용하는 경우도 있지만, 여기서는 빈 공간을 없애고 양 옆
의 영상 클립을 이어 붙이겠습니다. 오른쪽에 있는 영상 클립들을 드래그로 모두 선택하여 당길
수도 있지만, 빈 공간을 클릭하고 Delete 를 누르면 자동으로 당겨집니다.

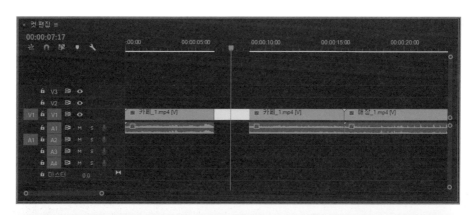

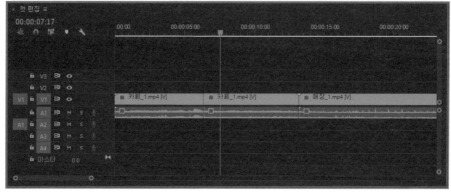

이와 같은 방법으로 간단히 컷 편집을 진행할 수 있습니다. 하지만 매번 선택 도구와 자르기 도구를 클릭하여 컷 편집을 진행하기에는 너무 많은 시간이 소요됩니다. 따라서 단축키를 사용하여 (선택 도구: V, 자르기 도구: C) 조금 더 빠르게 진행하는 것이 좋습니다.

간혹 V 와 C 를 눌러도 도구가 바뀌지 않을 때가 있습니다. 이때는 대부분 한/영 이 한글로 적용되어 있기 때문이므로 참고하시기 바랍니다.

TIP

❶ 컷 편집을 진행하다 보면 타임라인에 있는 영상을 재생하다가 멈추고 해당 부분을 자르는 경우가 많습니다. 만약 현재 프로그램 모니터 패널에 보이는 부분(인디케이터가 위치한 부분)을 자르고 싶다면, 인디케이터 근처에서 자르기 도구로 클릭하면 정확하게 인디케이터 부분이 잘립니다.

❷ 그림에서 표시된 부분과 같이 다음 영상으로 넘어가는 부분이 있습니다. 해당 부분은 이미 나뉘어 있기 때문에 자르기 도구로 잘리지 않습니다.

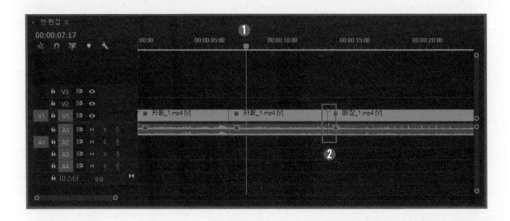

04 영상의 위치 크기 값 조절하기

이번에는 영상의 위치와 크기 값을 조절해보겠습니다. 모든 영상은 위치, 크기, 불투명도 등을 조절할 수 있고, 시킬 수 있습니다. 해당 속성은 모두 효과 컨트롤 패널에서 조절할 수 있으므로 효과 컨트롤 패널을 자세히 다뤄보겠습니다.

1. 화면 크기 조절하기

영상 두 편(ocean drone footage_4k, ocean_1080)을 불러옵니다.

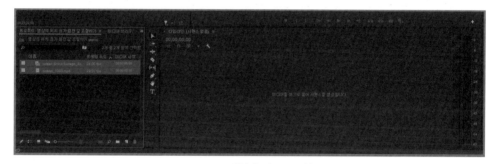

영상 출처 : https://www.pexels.com/ko-kr/video/3120488/
https://www.pexels.com/ko-kr/video/1093665/

ARRI 1080p 29.97 시퀀스를 한 개 만듭니다.

시퀀스에 ocean_1080과 ocean drone footage_4k 영상을 차례대로 넣습니다. 재생해보면 두 편의 영상이 잘 나오는 것처럼 보이지만, 두 번째 영상(ocean drone footage_4k)은 영상의 일부분만 화면에 나오고 있습니다. 해당 영상은 4k이고 시퀀스의 크기는 1080이기 때문에 일어나는 현상으로(이해가 가지 않는다면 앞 부분의 해상도 파트를 참고하시기 바랍니다) 두 번째 영상의 크기를 줄여서 시퀀스의 크기에 맞춰보겠습니다.

두 번째 영상을 클릭하면 좌측 상단의 효과 컨트롤 패널이 활성화됩니다(만약 그림과 같이 나오지 않는다면 상단의 효과 컨트롤을 클릭합니다).

효과 컨트롤 패널 안에는 여러 가지 영상의 속성들이 있습니다.

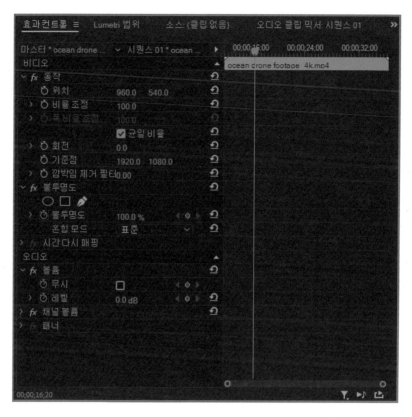

속성	설명
위치	영상이 시퀀스 위의 어느 지점에 위치하는지를 표시하는 값
비율 조정	영상의 크기를 조절하는 값(%)
회전	영상의 기울기 정도(+값은 오른쪽 , −값은 왼쪽)
기준점	영상의 크기나 기울기의 기준이 되는 기준점(기본 값은 영상의 중앙)
불투명도	영상의 투명한 정도를 나타내는 값으로 영상을 겹칠 때 주로 사용

각 속성 값은 오른쪽에 파란색 숫자로 표시되고, 이 값을 변경하는 세 가지 방법이 있습니다.

❶ 비율 조정 값을 클릭하고 원하는 숫자를 입력한 후 Enter 누르기

❷ 비율 조정 값을 클릭한 상태로 마우스를 좌우로 움직이기

❶과 같이 클릭하여 값을 변화시킬 수 있는 상태가 아니라 파란색 숫자인 상태에서 누른 채로 마우스를 움직여야 합니다.

❸ 비율 조정 좌측의 꺾쇠 모양 아이콘을 클릭하고 바로 밑에 나오는 바의 동그란 아이콘을 좌우로 이동하기

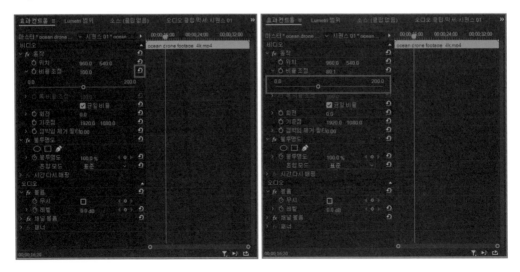

1-1 시퀀스 해상도 맞추기

속성을 조절하는 세 가지 방법 중 편한 방법으로 사용하면 됩니다. 현재 속성값을 조절하고 있는 영상은 4k 해상도를 가지고 있으며, 이를 시퀀스의 해상도(1080)에 맞추는 방법에는 두 가지가 있습니다.

❶ 비율 조정 값 조절하기

비율 조정 값을 줄여보면 값이 50 정도일 때 시퀀스에 맞춰지는 것을 확인할 수 있습니다. 이는 프로그램에서 설계된 것으로, 같은 16:9 비율의 영상(4k, 1080, 720 등의 영상) 간에는 50%씩 차이가 납니다. 4k와 1080 영상은 한 단계 차이가 나는 영상이기 때문에 기본값 100에서 50을 줄인 50으로 맞춰주면 영상의 크기는 시퀀스의 크기(1080)에 정확히 맞게 변형됩니다.

비율 조정이 기본값(100)인 상태

비율 조정이 50인 상태

❷ 프레임 크기로 설정하기

타임라인에 있는 영상에서 마우스 오른쪽 버튼을 클릭하면 다양한 설정들을 바꿀 수 있습니다. 여기서는 영상의 크기를 시퀀스의 크기에 자동으로 맞춰주는 기능을 살펴보겠습니다. 크기를 바꾸고 싶은 영상에서 마우스 오른쪽 버튼을 클릭한 후 [프레임 크기로 설정]을 클릭하면 자동으로 시퀀스의 크기에 맞게 영상의 크기가 변형됩니다.

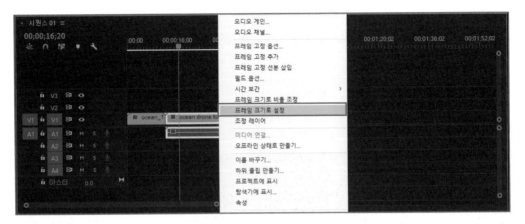

1-2 시퀀스보다 작은 영상 넣기

만약 시퀀스보다 큰 4k 영상이 아니라 시퀀스보다 작은 720 영상을 넣는다면 어떻게 될까요?
'ocean_720' 영상을 불러오고 시퀀스에 넣어줍니다.

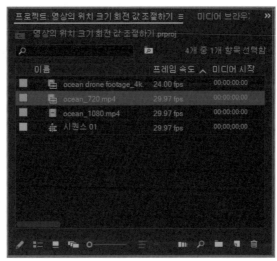

영상 출처 : https://www.pexels.com/ko-kr/video/857045/

영상이 시퀀스보다 작게 들어가기 때문에 주변에 검은색 화면이 나타납니다. 이 상태로 최종 영
상을 만들면 검은 부분이 모두 나오기 때문에 영상의 크기를 키워서 시퀀스에 맞추겠습니다.

720과 1080도 한 단계 차이가 나기 때문에 비율 조정 값을 50만큼 증가시키면 정확히 시퀀스의 크기에 맞게 설정됩니다. 따라서 비율 조정 값을 150으로 입력합니다.

영상을 시퀀스 크기에 맞췄지만, 비율 조정 값이 100보다 커지게 되면 원본 영상보다 확대되어 화질이 많이 떨어집니다. 110~120 정도의 값까지는 괜찮지만 120 이상으로 커지면 눈으로 확인할 수 있을 정도로 화질이 저하됩니다. 따라서 1080 이상의 해상도로 설정하여 촬영하는 것이 활용도 측면에서 좋습니다.

2.   화면 위치 조절하기

첫 번째로 타임라인에 삽입했던 영상의 위치를 조절해보겠습니다. 다음과 같이 첫 번째 영상의 클립을 클릭하면 좌측 상단의 효과 컨트롤 패널이 활성화됩니다.

위치 값도 비율 조정과 마찬가지로 조절할 수 있으며, 값이 두 개(960, 540)인 이유는 왼쪽 값 (960)은 가로의 위치, 오른쪽 값(540)은 세로의 위치를 나타내기 때문입니다.

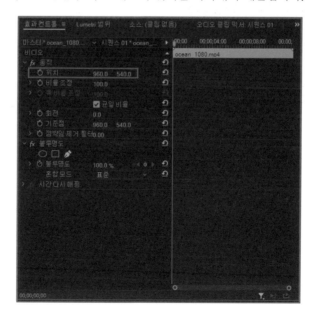

가로의 값을 조절해보면 영상의 위치가 오른쪽으로 이동하는 것을 확인할 수 있습니다.

가로와 세로 값을 각각 조절해야 할 때도 있지만 영상 자체를 드래그하여 움직일 수도 있습니다. 그림과 같이 효과 컨트롤 패널의 '동작'을 클릭하면, 프로그램 모니터 패널의 영상 주위에 테두리가 생깁니다. 이 상태에서 영상을 마우스로 드래그하면 조금 더 간편하게 영상을 이동시킬 수 있습니다.

TIP

영상 중앙에 위치한 십자가 모양은 '기준점'에 해당하는 기능이기 때문에 영상의 다른 부분을 드래그해야만 영상이 위치가 변형됩니다.

하지만 이렇게 오른쪽으로 영상을 미뤄두는 식으로 편집하는 경우는 거의 없습니다. 그렇다면 위치 값은 어떤 경우에 사용될까요? 일단 위치 값을 사용하기 전에 타임라인에 대해 더 알아보겠습니다.

타임라인 좌측에는 V1/V2/V3, A1/A2/A3/A4라는 트랙이 있습니다. 현재 모든 영상들은 V1에 위치하고 있지만, 어떤 영상이 V2에 올라가게 되면 그 영상의 길이만큼 V1의 영상이 가려집니다. 이것이 레이어(Layer)라는 개념으로, 비디오 트랙에 한해서만 적용됩니다. 오디오 트랙은 A1과 A2에 음향 파일이 동시에 들어가도 두 음향이 함께 재생됩니다.

효과 컨트롤 패널의 우측 부분에 있는 아이콘 ↻은 '효과 재설정' 기능으로, 해당 부분의 속성을 기본 값으로 되돌려줍니다.

3. 화면 분할하기

다음과 같이 첫 번째 영상을 두 번째 영상의 위(V2)로 올려놓겠습니다. 두 영상을 겹치면 첫 번째 영상이 위에 있기 때문에 첫 번째 영상만 보이게 됩니다.

첫 번째 영상의 위치 값 중 가로 값을 조절하여 다음과 같이 이동시키면, 아래에 있는 영상(V1)
이 뒤에 있는 것을 확인할 수 있습니다.

이와 같이 화면을 분할할 수 있지만, 한 가지 한계점이 생깁니다. 뒤에 있는 영상(V1)에서 배를 가운데로 옮길 수는 있지만, 앞에 있는 영상(V2)의 인물을 중앙에 오도록 설정하면 화면을 1:1로 분할할 수 없습니다.

배가 중앙에 오도록 영상을 오른쪽으로 이동한 경우

인물 영상을 오른쪽으로 이동한 경우

이때는 앞에 있는 영상(V1)의 오른쪽을 자르는 방법으로 영상의 원하는 부분만 보여줄 수 있습니다. 영상을 자르기 위해 자르기(Crop) 효과를 사용하겠습니다. 우측 상단의 효과 패널에서 '자르기'를 검색합니다.

자르기 효과는 비디오 효과 폴더에 속해 있습니다. 해당 효과를 드래그하여 앞에 있는 영상(V2)에 넣어줍니다. 효과를 넣어도 영상에는 아무 변화가 없습니다. 효과의 값을 조절해야만 영상에 적용되기 때문입니다. 효과를 영상에 넣었다면 효과 컨트롤 패널에서 해당 효과를 확인할 수 있습니다.

영상의 오른쪽 부분을 자르기 위해 자르기 효과의 오른쪽 값을 증가시키면 그림과 같이 영상이 잘립니다.

TIP

자르기 효과와 레이어, 그리고 위치 값을 사용하면 1:1 분할뿐만 아니라 3분할, 4분할도 가능합니다. 하지만 모든 효과가 한 가지 디자인을 위해 만들어진 것은 아닙니다. 만약 영상을 중첩시키지 않고 한 개의 영상에 자르기 효과를 적용한 후, 그림과 같이 위와 아래를 조금씩 자르면 마치 영화와 같은 화면 비율을 만들어낼 수 있습니다.

4. '나 혼자 산다'처럼 영상 위에 영상 올리기

앞에서 배운 내용을 토대로 메인 영상 위에 스튜디오에서 촬영한 패널들이 나오는 영상을 작게
올리는 편집 방법을 알아보겠습니다. 먼저 'ocean_1080' 영상을 'ocean drone footage_4k' 영상
위에 올립니다.

그리고 위(V2)에 있는 영상의 비율 조정 값을 줄이면 그림과 같이 나타납니다.

여기에서 '동작'을 클릭한 후, 영상에 틀이 나타나면 해당 영상을 드래그하여 좌측 하단에 위치시킵니다(위치 값을 조절하여 움직여도 됩니다). 이와 같이 비율 조정과 위치 값만으로 영상을 원하는 대로 겹쳐놓을 수 있습니다.

TIP

이와 같이 영상을 겹쳐놓는 방식을 PIP(Picture In Picture)라고 부릅니다. PIP 방식의 편집은 방송 영상에서 뿐만 아니라 유튜브 영상에서도 흔히 볼 수 있습니다. 〈나 혼자 산다〉 출연자들이 출연한 영상을 보며 리뷰를 하는 영상, 혹은 게임 방송을 하는 스트리머가 우측 하단에 자신의 얼굴을 촬영하고 있는 웹캠 영상을 띄워 놓는 영상 등이 PIP의 예시가 될 수 있습니다. 프리미어에서 PIP 작업을 진행할 시에는 오디오가 겹치지 않도록 주의하면서 작업해야 합니다.

05 화면 전환 효과 주기

컷 편집을 마친 후 가장 쉽게 적용할 수 있는 효과 중 하나는 화면 전환 효과입니다. 화면 전환 효과는 영상 클립과 영상 클립 사이에 넣을 수 있는 효과로, 영상을 자른 부분 혹은 다음 영상으로 넘어가는 부분에 적용할 수 있습니다. 하지만 전환 효과를 남발하는 것은 오히려 영상의 수준을 저하시킬 수 있으므로 분위기를 전환하거나 내용을 강조하고 싶은 부분에 효과를 적용합니다.

1. 영상과 영상 사이에 효과 적용하기

동영상 미리보기

'드립 커피' 영상과 '커피' 영상을 불러오고 시퀀스를 생성하여 '드립 커피', '커피' 순으로 넣어줍니다.

영상 출처 : https://www.pexels.com/ko-kr/video/2850097/
https://www.pexels.com/ko-kr/video/3131398/

효과 패널의 비디오 전환 폴더를 열어보면 다양한 화면 전환 효과가 있습니다. 이 중에서 가장 빈번하게 사용되는 효과는 '검정으로 물들이기(dip to black)', '교차 디졸브(cross dissolve)', '흰색으로 물들이기(dip to white)'입니다.

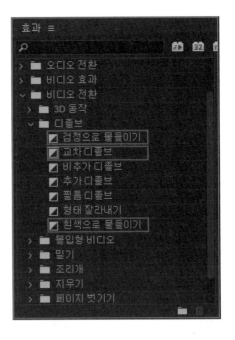

'교차 디졸브' 효과를 영상이 바뀌는 부분, 즉 두 영상의 경계로 드래그합니다. 그림과 같은 경고창이 나오면 [확인]을 클릭합니다.

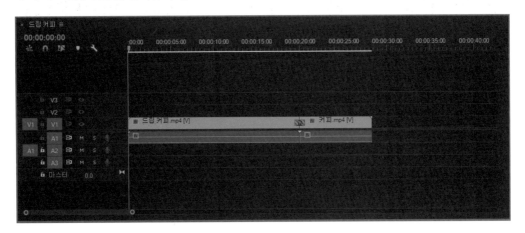

영상을 재생하면 효과가 적용된 부분에서 두 영상이 겹쳐지는 것을 확인할 수 있습니다.

화면 전환 효과는 효과의 끝부분을 드래그하여 짧게 혹은 길게 변형할 수 있습니다. 효과를 클릭한 후 효과 컨트롤 패널을 살펴보면 같은 방법으로 효과의 길이를 조절할 수 있습니다. 두 영상 중간의 빗금이 그어진 사각형이 바로 전환 효과입니다. 해당 효과의 끝부분을 조정하면 효과의 길이를 조절할 수 있습니다.

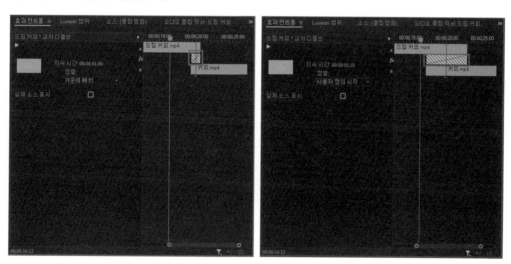

TIP

효과의 끝부분이 잘 잡히지 않는다면 타임라인 패널을 확대하여 드래그합니다.

2. 영상의 처음과 끝부분에 효과 적용하기

화면 전환 효과는 영상과 영상 사이뿐만 아니라 영상의 처음과 마지막 부분에도 적용할 수 있습니다. '검정으로 물들이기' 효과를 드래그하여 영상의 마지막 부분에 적용시키겠습니다. 급작스럽게 끝나는 영상을 서서히 어두워지면서 끝나도록 바꾸어 자연스러운 느낌을 줍니다.

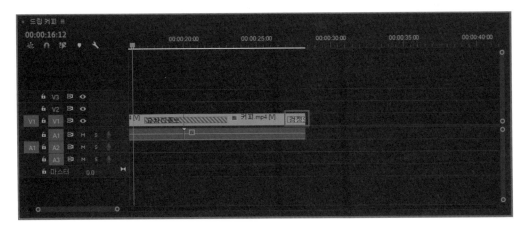

예제에서 다룬 세 가지 효과(검정으로 물들이기, 교차 디졸브, 흰색으로 물들이기) 외에도 프리미어에서는 상당히 많은 효과들을 제공하고 있습니다. 또한 화면 전환 효과는 제공되는 효과들뿐만 아니라 직접 디자인하여 사용할 수도 있습니다. 디자인은 애니메이션 효과를 사용해야 하기 때문에 3장에서 예제로 다루겠습니다.

06 최종 영상 출력하기

영상 편집을 완료했다면 이제 영상 파일로 만들어내는 작업이 가장 마지막 단계입니다. 프리미어에서 작업한 내역을 영상 파일로 변환시키는 작업으로, 이 과정을 흔히 인코딩(encoding)이라 부릅니다. 인코딩 과정에는 상당히 많은 기술적인 부분들이 들어 있지만 해당 기술이 무엇인지에 대해서는 편집자 입장에서 크게 중요하지 않기 때문에 여기서는 영상을 출력하는 방법만을 다루도록 하겠습니다.

앞서 화면 전환 효과 파트에서 다루었던 것과 같이 '드립 커피' 영상과 '커피' 영상을 불러오고 시퀀스를 생성하여 영상을 삽입합니다.

동영상 미리보기

영상 출처 : https://www.pexels.com/ko-kr/video/2850097/
https://www.pexels.com/ko-kr/video/3131398/

영상을 출력하려면 타임라인 패널이 선택되어 있어야 합니다. 타임라인 패널을 클릭하여 활성화합니다.

상단의 [파일] 메뉴에서 [내보내기-미디어]를 선택합니다.

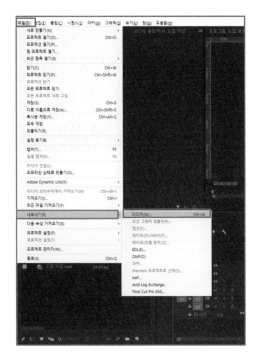

그림과 같이 내보내기 설정 창이 나타납니다. 처음으로 살펴볼 것은 '형식'입니다. 형식은 인코딩을 어떤 방식으로 할 것인지 선택하는 부분입니다. 인코딩의 형식에 따라 파일의 크기와 화질이 달라집니다. 이 중에서 현재 가장 많이 사용되는 방식은 'H.264'입니다. 'HEVC(H.265)'라는 최신 인코딩 형식이 있으나 아직까지는 기술적으로 불안정하기 때문에 가장 보편적으로 사용되는 'H.264'를 선택합니다.

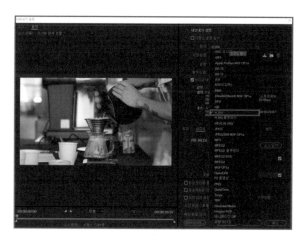

다음으로 살펴볼 부분은 '사전 설정'입니다. 사전 설정은 영상 파일의 크기, 색감, 화질, 용량 등을 많이 사용되는 형식으로 저장하여 제공하는 항목입니다. 반드시 설정할 필요는 없지만 예를 들어 하단의 'YouTube 1080p Full HD'를 선택하면 1080 해상도에 유튜브에 업로드 되었을 때의 화질을 가진 영상이 만들어집니다.

다음으로 살펴볼 부분은 '출력 이름'입니다. 여기에는 시퀀스 이름이 파일명으로 들어가 있습니다. '드립 커피.mp4'를 클릭하면 저장 경로와 파일 이름을 변경할 수 있는 창이 나타납니다. 경로와 파일 이름을 모두 설정한 후 [저장]을 클릭합니다.

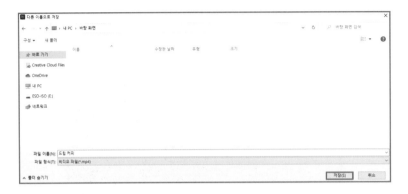

형식, 사전 설정, 출력 이름 외에도 다양한 설정이 있지만 직접 작업하는 데 큰 영향을 미치지는 않습니다. 마지막으로 하단의 [내보내기]를 클릭하면 영상의 인코딩이 시작됩니다. 인코딩을 하는 영상의 길이가 매우 짧고 다른 효과들이 전혀 들어가 있지 않기 때문에 시간이 얼마 걸리지 않지만, 컴퓨터의 스펙과 작업하는 영상의 해상도, 영상의 길이, 효과 등에 따라 인코딩의 시간이 천차만별로 달라집니다. 또한 인코딩이 진행되는 과정에서는 컴퓨터의 연산 능력을 대부분 사용하게 되기 때문에 일체의 다른 작업(예를 들어 인터넷 서핑, 문서 작업 등)을 하지 않아야 안전하게 영상을 출력할 수 있습니다.

PART 02
필수적인 영상 디자인

영상에 디자인을 입히는 과정을 알아보겠습니다. 우리가 흔히 영상에서 볼 수 있는 기본적인 자막부터 영상의 속도 조절, 그리고 영상의 감초 역할을 하는 배경 음악 등은 편집의 필수 요소라 할 수 있습니다. 만약 예능 영상에 자막이나 효과음 등이 없었다면 상당히 밋밋한 느낌을 주고, 영화나 다큐멘터리 영상에 속도가 느린 장면이 없었다면 긴장감과 같은 템포 조절이 이루어지지 않을 것입니다. 따라서 이번 파트에서는 편집 디자인 기능을 다뤄보며 영상에 풍미를 더해보겠습니다.

01 자막 넣기

이번에는 영상에 자막을 넣어보도록 하겠습니다. 자막을 구성하는 폰트, 폰트의 크기, 자간, 색상 등 다양한 요소들을 하나씩 살펴보겠습니다.

영상을 편집할 때 가장 먼저 떠오르는 것은 자막을 넣는 방법입니다. 해외 영화, 예능 영상, 그리고 유튜브와 같은 온라인 플랫폼에 업로드되는 대부분의 영상에 자막이 포함되어 있습니다. 그렇다면 자막은 영상에 왜 포함되어야 할까요? 해외 영화의 경우 모국어가 아닌 언어를 사용하기 때문에 필수적으로 자막을 넣어야 하고, 예능 영상은 재미를 더하기 위해 자막을 사용합니다. 하지만 개인이 제작하는 영상, 즉 유튜브나 인스타그램과 같은 곳에 업로드하는 영상에 자막이 필수라고 보기는 어렵습니다. 개인이 만드는 영상에 자막을 포함시키는 데는 여러 가지 이유가 있겠지만 가장 중요한 이유는 시청자의 이목을 집중시키기 위해서입니다. 전문 프로덕션이나 방송국에서 만드는 영상에 비해 개인이 만드는 영상은 촬영본이 다채롭기 어렵고, 오디오 부분과 영상의 효과, 그리고 전반적인 내용 구성이 전문적이지 않기 때문에 시청자로 하여금 계속해서 영상에 집중시키기 어렵기 때문에 자막을 사용하는 것입니다.

예를 들어, 브이로그 영상을 편집할 때 어떤 맛집의 음식을 소개하는 부분이 있다고 가정해보겠습니다. 촬영팀이 따로 있을 정도로 대규모의 촬영 장비가 갖추어져 있지 않은 이상 일반적으로는 한 대의 카메라로 촬영을 하게 됩니다. 그렇기 때문에 다양한 각도에서 다양한 샷을 만들어 낼 수 없는 한계점이 있고, 같은 앵글에서 계속 촬영하면 해당 영상을 보는 사람의 입장에서는 금방 지루함을 느끼게 됩니다. 그렇기 때문에 고정되어 있는 하나의 앵글로 촬영한 샷에서 계속해서 변화하는 요소인 자막을 넣어서 어느 정도의 시각적 평이함을 해결해 줄 수 있습니다. 하지만 이는 국내에서 영상을 만드는 스타일에 해당되는 경우가 많습니다. 미국이나 캐나다와 같은 북미에서는 개인이 만드는 영상에 자막이 거의 포함되어 있지 않은 것을 확인할 수 있습니다. 자막을 넣는 작업에는 상당한 시간이 소요되기 때문에, 자막 넣는 시간을 줄이고 촬영에 더 집중하는 편이 영상의 완성도를 높일 수 있는 방법임을 꼭 알아두시기 바랍니다.

1. 자막 입력하기

그림과 같이 '브런치' 영상을 불러오고 타임라인 패널로 드래그하여 시퀀스를 생성합니다(2장부터는 반복적인 작업을 줄이기 위해 시퀀스를 만드는 작업을 생략하겠습니다).

영상 출처 : https://www.pexels.com/ko-kr/video/4473176/

자막을 넣기 위해서 도구 패널에 있는 문자 도구를 클릭합니다.

프로그램 모니터 패널에 보이는 영상에서 자막을 넣고 싶은 위치를 클릭합니다.

클릭 한 번으로 만든 글상자

드래그하여 만든 글상자

TIP

화면 내에서 클릭하거나 드래그하여 글상자를 만드는 두 가지 방법이 있습니다. 만약 드래그하여 글상자를
만들면 입력할 수 있는 글자의 수가 제한되기 때문에 한 번의 클릭으로 만드는 것이 활용도가 높습니다.

'저의 아침식사입니다'라고 입력하면, 그림과 같이 '저의 아침식사입니'까지만 입력되는 것을 확인할 수 있습니다. 이는 어도비 프로그램의 문제점으로, 한글을 입력할 때 나타나는 오류입니다. 하지만 실제로는 모든 글자가 입력되어 있기 때문에 입력한 자막을 클릭해보거나 키보드 방향키를 눌러보면 모든 글자가 입력된 것을 확인할 수 있습니다.

자막을 모두 입력했을 경우

자막을 모두 입력한 후 글상자를 클릭한 경우

자막을 입력한 후 가장 중요한 것은 선택 도구로 돌아오는 것입니다. 커서가 문자 도구로 되어 있을 시에는 만들어놓은 글상자의 위치, 폰트, 크기 등 모든 속성을 변경할 수 없습니다. 이때 화면의 다른 부분을 클릭하지 않도록 주의합니다.

선택 도구로 바꾸지 않고 화면의 다른 부분을 클릭했을 경우

자막을 입력하면 타임라인 패널에 '그래픽'이라는 새로운 레이어가 생성된 것을 확인할 수 있습니다. 해당 레이어를 선택하여 효과 컨트롤 패널을 활성화합니다.

효과 컨트롤 패널의 '텍스트'에서 여러 가지 속성을 변경할 수 있습니다.

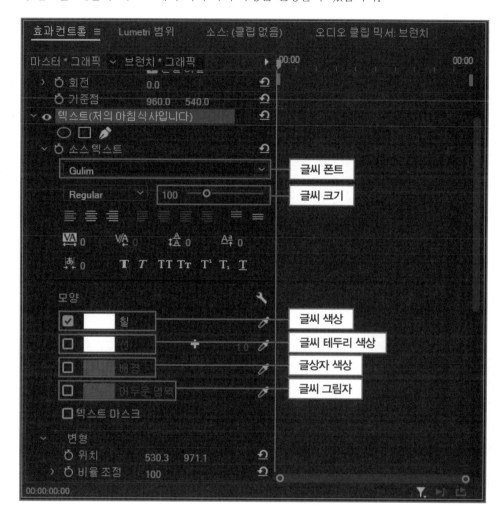

그림과 같이 속성을 변경하여 자막을 디자인합니다(예제에서 사용한 폰트는 https://noonnu.cc/
font_page/263 에서 다운로드할 수 있습니다).

자막의 디자인이 완성되었습니다. 하지만 매번 글자를 입력하고 같은 색상을 적용하는 등의 디
자인을 하는 것은 매우 번거롭습니다. 따라서 타임라인에 있는 레이어를 복사하여 자막의 내용
만 수정하여 사용해보겠습니다.

완성 화면

TIP

자막을 디자인할 때, 글씨에 색상을 넣는다면 테두리나 글상자의 색상은 검은색이나 흰색으로 설정하는 것
이 가독성이 높습니다.

2. 자막 수정하기

일반적으로 복사/붙여넣기는 `Ctrl`+`C` / `Ctrl`+`V`를 사용합니다. 하지만 프리미어 프로에서는 `Alt` + 드래그를 사용하는 것이 더욱 간편합니다. 복사하고자 하는 레이어를 클릭한 후, `Alt`를 누른 상태에서 해당 레이어를 원하는 위치로 드래그하면 그대로 복사됩니다.

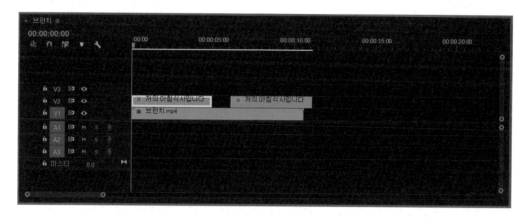

복사한 새 레이어로 인디케이터를 위치시킨 후, 화면에서 자막을 더블클릭하면 내용을 수정할 수 있습니다.

자막을 가운데로 위치시키는 방법에는 두 가지가 있습니다.

❶ Ctrl + 드래그: Ctrl 을 누른 상태에서 글상자를 화면의 가운데로 드래그하면 그림과 같이 화면의 정중앙에 빨간색 점선이 생기면서 해당 위치로 이동됩니다.

❷ 기본 그래픽 패널 사용하기: 프리미어의 오른편에 기본 그래픽 패널이 있습니다. 해당 패널은 자막과 도형의 디자인 속성을 조절할 수 있는 패널입니다. '정렬 및 변형'을 사용하면 자막을 화면의 중앙으로 위치시킬 수 있습니다.

글상자를 중앙으로 위치시키고 난 후, 레이어를 복사하여 자막의 내용을 수정할 때 한 가지 불편한 점이 나타납니다. 자막을 수정하면 글상자가 중앙을 벗어나기 때문에 매번 위치를 조절하여 중앙으로 옮겨야 합니다. 이와 같은 불편함을 해결하기 위해서는 자막을 입력할 때 글씨의 위치가 중앙에 나타나도록 해야 합니다.

효과 컨트롤 패널의 '텍스트'에는 자막을 정렬할 수 있는 기능이 있습니다. 해당 기능 중 '텍스트 가운데 맞춤'을 클릭하면 자막이 글상자의 중앙에 위치하게 됩니다. 그다음 글상자를 화면의 중앙에 위치시키면 매번 글상자를 중앙으로 위치시켜야 하는 번거로움을 해결할 수 있습니다.

자막의 가운데 정렬

글상자를 화면의 중앙에 위치시키기

02 영상 속도 조절하기

영상에는 시간 개념이 항시 포함되어 있습니다. 따라서 시간을 조절하는 것은 곧 영상의 속도를 조절하는 것과 같은 개념입니다. 영상의 속도를 조절하여 영상을 빠르게, 느리게, 혹은 뒤로 재생하는 방법에 대해 알아보도록 하겠습니다.

영상 편집을 진행하다 보면 굉장히 재미있는 효과를 발견할 수 있습니다. 바로 영상의 속도 조절입니다. 영상의 속도 조절은 굉장히 많이 사용되는 편집 효과로, 영화 매트릭스와 같은 액션 영화에서의 슬로우 모션부터 먹방 영상에서 볼 수 있는 빨리 감기까지 모든 영상에서 사용될 수 있는 효과입니다. 영상의 속도를 조절하는 방법은 어렵지 않지만, 영상의 어느 부분을 느리게 혹은 빠르게 조절할 것인지에 대해 결정하는 것이 중요합니다.

"영상 속도 조절은 시청자에게 어떤 느낌을 줄까?"

느리게 편집한 샷이든 빠르게 편집한 샷이든 영상의 속도를 조절하는 이유는 영상을 보는 사람으로 하여금 긴장감을 놓지 않게 하기 위함이 큽니다. 시각적으로 빠른 액션 영화의 액션 신에서 중간중간 몇 개의 샷이 느리게 만들어진 이유는 해당 샷을 강조해 보여주고 시각적인 완급 조절을 하는 데 목적이 있습니다. 영상 제작자들은 시청자가 영상에서 눈을 뗄 수 없게 만들기 위해 많은 고민을 하는데, 영상의 속도를 조절하는 것이 가장 대표적인 예라고 볼 수 있습니다.

"어떤 부분에서 속도 조절을 해주면 좋을까?"

가장 쉽게 접근하자면 영상 내에서 중요하다고 생각되는 부분은 느리게, 덜 중요하다고 생각되는 부분은 빠르게 만들어준다고 생각하면 됩니다. 느리게 재생되는 부분에서는 시각적으로 집중도가 높아지기 때문에 여러 장면들 중 보여주고 싶은 부분들을 느리게 설정하도록 합니다. 모든 상황에 같은 공식이 적용되는 것은 아니지만 많은 부분에서 이와 같이 활용할 수 있다는 점을 꼭 알아두시기 바랍니다.

1. 일부분만 속도를 다르게 설정하기

동영상 미리보기

'스케이트보드' 영상을 불러옵니다.

영상 출처 : https://www.pexels.com/ko-kr/video/3715052/

영상의 해상도에 맞춰 시퀀스를 생성합니다. 영상의 해상도가 1280x720이기 때문에 해당 영상과 같은 해상도의 시퀀스를 생성합니다. 영상의 프레임 레이트는 59.94fps이지만 시퀀스는 29.97fps로 생성합니다.

설정에서 프레임 크기를 1280(가로) 720(세로)으로 입력합니다.

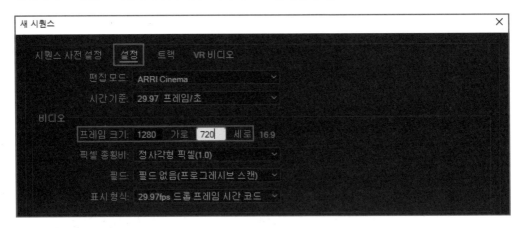

시퀀스를 생성한 후 영상을 타임라인에 삽입하면 다음과 같은 경고창이 나타납니다. 해상도는 맞지만 프레임 레이트가 맞지 않기 때문에 나타나는 경고창으로, [기존 설정 유지]를 클릭하여 설정한 시퀀스의 속성이 변하지 않도록 합니다.

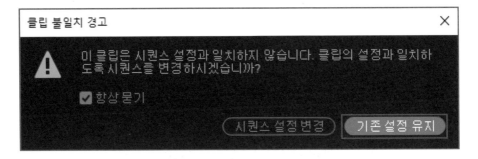

TIP

영상의 프레임 레이트는 59.94fps인데 시퀀스의 프레임 레이트는 왜 다른 값인 29.97fps로 설정할까요? 만약 영상과 시퀀스의 프레임 레이트를 같은 값으로 설정하면, 속도를 느리게 설정했을 때 영상이 약간 끊기는 것처럼 보이게 됩니다. 시퀀스의 프레임 레이트가 영상의 프레임 레이트보다 작은 값으로 설정된 상태에서 영상을 삽입하면 프레임의 손실이 나타나지만 속도를 느리게 하면 손실된 프레임들이 다시 포함되기 때문에 훨씬 더 부드럽게 보이는 영상을 만들 수 있습니다. 따라서 속도를 느리게 설정하고 싶은 샷이 있다면 프레임 레이트가 높은 값으로 영상을 촬영하는 것이 좋습니다.

타임라인에 삽입한 영상 클립에서 마우스 오른쪽 버튼을 클릭하고 [속도/지속 시간]을 클릭합니다.

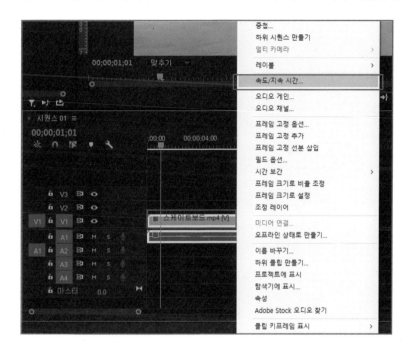

클립 속도/지속 시간창이 나타납니다. '속도'에 원하는 퍼센트 값을 입력하면 영상의 속도가 변합니다. 속도 바로 아래에 위치해 있는 '지속 시간'은 영상의 시간(길이)을 조절하는 값으로, 원하는 시간을 입력하면 자동으로 해당 시간에 맞춰 영상의 속도가 조절됩니다. 속도 값을 50%로 입력하여 영상을 느리게 만들어봅니다.

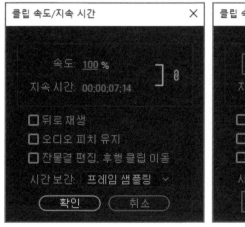
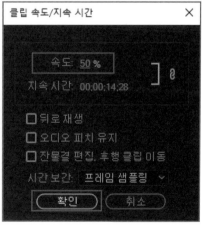

확연하게 느려진 영상이 만들어졌고, 영상 클립의 길이도 변한 것을 확인할 수 있습니다.

이와 같이 매우 간단하게 영상의 속도를 조절할 수 있습니다. 하지만 지금은 해당 영상 클립의 전체 속도를 조절한 것이기 때문에 영상의 일부분만 속도를 조절할 수는 없습니다. 이때는 영상에서 원하는 부분만 자르기 도구로 자른 후 해당 부분의 속도만 따로 설정하면 됩니다. 영상에서 장애물을 빠져나오는 부분만 느리게 만들어보겠습니다.

영상의 속도를 원래 속도인 100%로 다시 돌려놓습니다(여기서 Ctrl + Z 를 눌러 이전 설정으로 되돌리는 방법을 사용해도 됩니다).

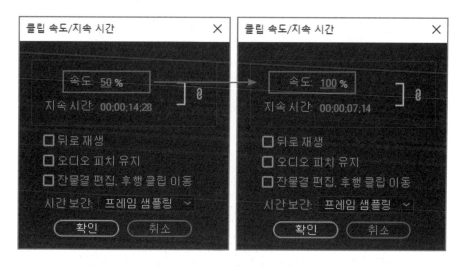

인디케이터를 영상의 원하는 부분(예제에서는 장애물을 빠져나오기 직전(05:28)으로 설정)에 위치시킵니다.

자르기 도구로 인디케이터의 위치에서 영상을 자르고, 두 번째로 자를 위치(06:17)로 인디케이터를 옮긴 후 해당 인디케이터의 위치에서 한 번 더 잘라줍니다.

자른 영상을 선택하여 [속도/지속 시간]을 선택 후 창을 띄웁니다.

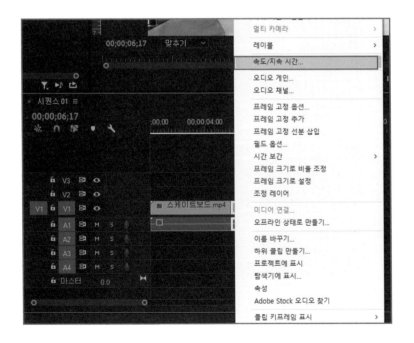

해당 부분의 영상을 느리게 만들기 위해 그림과 같이 속도 값을 조절합니다.

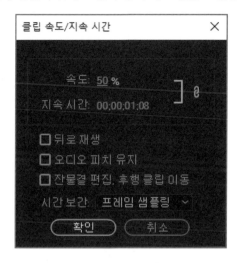

완성이 되었으나 영상을 재생해보면 속도 조절을 한 영상 이후에 영상이 잠시 끊기는 듯한 느낌이 듭니다. 속도를 조절한 영상은 느리게 설정했기 때문에 기존의 영상 클립보다 길어져야 합니다. 하지만 해당 영상의 뒷부분에 다른 영상 클립이 붙어 있기 때문에 길어졌어야 하는 영상의 길이만큼 영상이 삭제됩니다. 따라서 속도 조절을 할 때에는 뒤에 있는 클립을 미뤄두고 작업해야 영상의 손실이 발생하지 않습니다. 현재 작업하고 있는 영상 뒤에는 한 개의 클립밖에 없기 때문에 간단히 뒤로 미룰 수 있지만 실제 작업 시에는 훨씬 많은 영상 클립이 있기 때문에 이와 같은 방법은 불편할 수밖에 없습니다. 따라서 자동으로 뒤의 영상 클립이 밀리는 방법을 사용해보겠습니다.

Ctrl + **Z**를 눌러 이전으로 되돌린 후, 다시 [속도/지속 시간]을 클릭해 창을 엽니다.

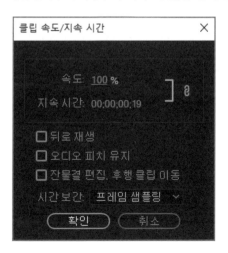

속도를 다시 50%로 설정한 후, 설정의 하단에 있는 '잔물결 편집. 후행 클립 이동'을 선택하고 [확인]을 클릭하면 영상의 길이가 길어지고 자동으로 뒤의 영상 클립이 이동되는 것을 확인할 수 있습니다.

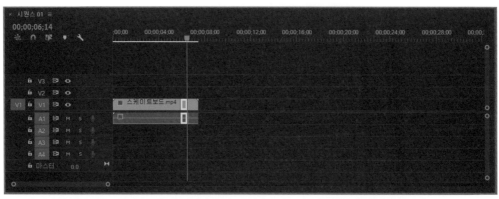

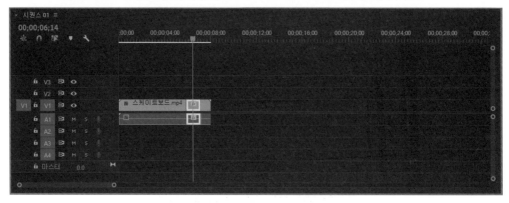

2. 영상 뒤로 재생하기

동영상 미리보기

'다이빙' 영상을 불러옵니다.

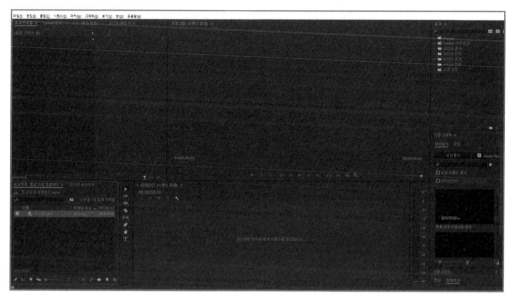

영상 출처 : https://www.pexels.com/ko-kr/video/3827674/

불러온 영상을 타임라인으로 드래그하여 시퀀스를 생성합니다.

영상 클립에서 마우스 오른쪽 버튼을 클릭하여 [속도/지속 시간]을 선택하여 창을 띄운 후 속도
부분에 '-100'을 입력하고 [확인]을 클릭합니다.

영상을 재생해보면 뒤로 재생되는 것을 확인할 수 있습니다. 여기서 클립 속도/지속 시간 창으
로 다시 들어가보면 다음과 같이 속도 값은 '-100%'가 아닌 '100%'로 설정되어 있고, 하단의 '뒤
로 재생' 항목이 선택되어 있습니다. 영상을 뒤로 재생하는 방법으로는 '-100%'와 같이 마이너
스 값을 입력하거나, 혹은 하단의 '뒤로 재생' 항목을 선택하는 방법이 있습니다.

여기에서 뒤로 재생하는 기능을 응용해보겠습니다. 사용하고 있는 영상과 같이 물로 뛰어드는 장면을 '물로 뛰어 든다 → 뒤로 재생하여 물에서 빠져나온다 → 다시 물로 뛰어 든다'와 같은 영상을 만들어보겠습니다. 이와 같은 영상을 만들 때 가장 흔하게 생각할 수 있는 방법은 영상의 중간 부분을 잘라서 뒤로 재생되도록 설정하는 방법입니다. 하지만 영상의 일부분을 잘라서 뒤로 재생되도록 만들면 해당 영상 클립의 앞부분과 뒷부분이 바뀌기 때문에 재생했을 때 연속성이 사라지게 됩니다. 1번의 뒷부분 다음에 2번의 앞부분이 나와야 연속적으로 영상이 재생되지만, 2번의 뒷부분이 나오면 영상이 이어지지 않습니다.

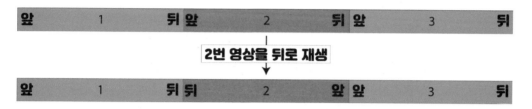

따라서 다음과 같이 뒤로 재생시키려는 부분의 영상이 세 개가 있다면 원하는 스타일의 영상을 만들 수 있습니다.

영상의 속도를 다시 100%로 되돌려놓습니다.

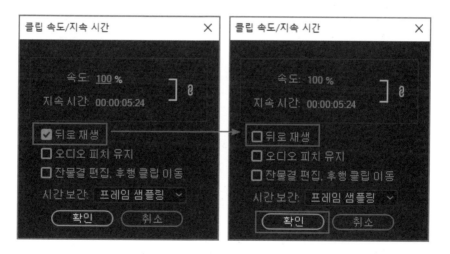

영상에서 물로 뛰어들기 전의 위치(01:04)를 자르기 도구로 잘라줍니다.

물로 뛰어들고 난 후의 위치(02:21)를 자르기 도구로 잘라줍니다.

뒤 영상 클립을 뒤로 미뤄둡니다.

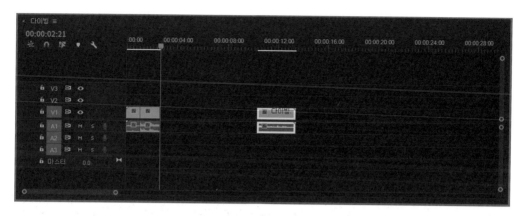

뒤로 재생할 부분의 영상을 두 번 복사합니다.

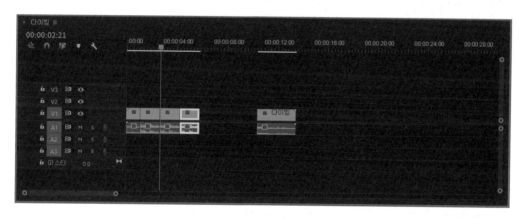

TIP

영상을 복사할 때는 `Ctrl` + `C` / `Ctrl` + `V` 보다는 `Alt` +드래그를 사용하는 것이 더 편리합니다.

같은 영상 세 개의 클립 중 가운데 영상을 뒤로 재생되도록 설정합니다. [속도/지속 시간]을 클릭합니다.

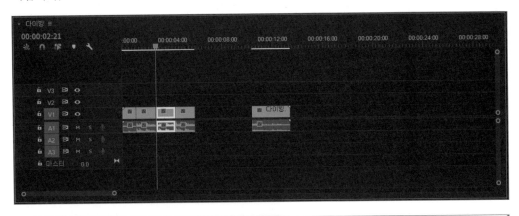

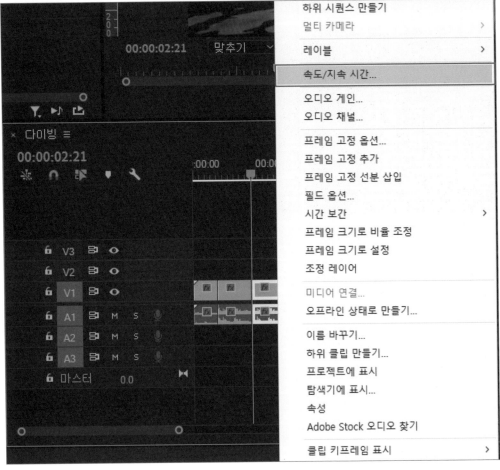

창이 뜨면 그림과 같이 '뒤로 재생'을 활성화합니다.

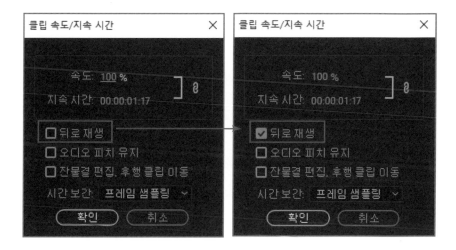

뒤로 미뤄뒀던 영상을 다시 이어 붙이면 영상이 완성됩니다.

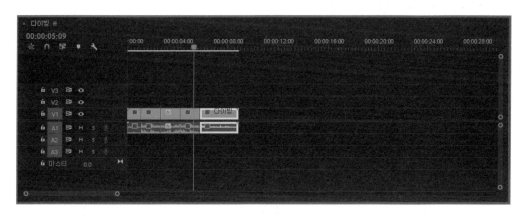

03 기본 도형으로 디자인하기

영상 편집 시 화려한 효과들을 넣어 멋진 영상을 만들 수도 있지만 효과가 화려해야만 영상의 수준이 높아지는 것은 아닙니다. 아주 기본적인 사각형, 원, 선분 등의 도형만으로도 충분히 멋진 영상을 제작할 수 있습니다.

1. 영상 테두리 만들기

동영상 미리보기

브이로그나 여행 영상 등에서 자주 볼 수 있는 영상 테두리를 만들어보겠습니다. '꽃밭' 영상을 불러오고 타임라인으로 드래그하여 시퀀스를 생성합니다.

영상 출처 : https://www.pexels.com/ko-kr/video/1705117/

도구 패널에서 펜 모양의 도구를 길게 클릭하면 새로운 항목이 나타납니다. 세 가지 항목 중 사각형 도구를 클릭합니다.

프로그램 모니터 패널에서 드래그하여 사각형을 그립니다.

사각형을 그리면 타임라인에 분홍색 레이어가 생성됩니다. 생성된 분홍색 레이어를 클릭하면
왼쪽 상단의 효과 컨트롤 패널에서 '모양(모양01)' 항목을 확인할 수 있습니다. 해당 항목은 사각
형의 속성 부분에 해당합니다. 이곳에서 사각형의 크기, 위치, 색 등을 조절할 수 있습니다.

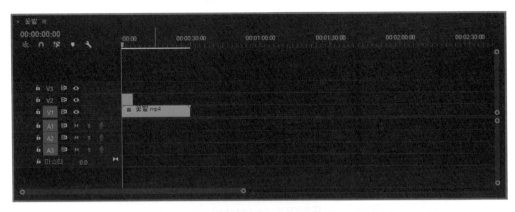

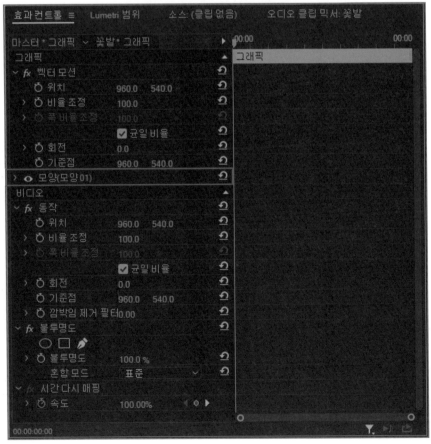

'모양(모양01)'을 열어 '칠'은 선택을 해제하여 비활성하고 '선'은 활성화시킵니다.

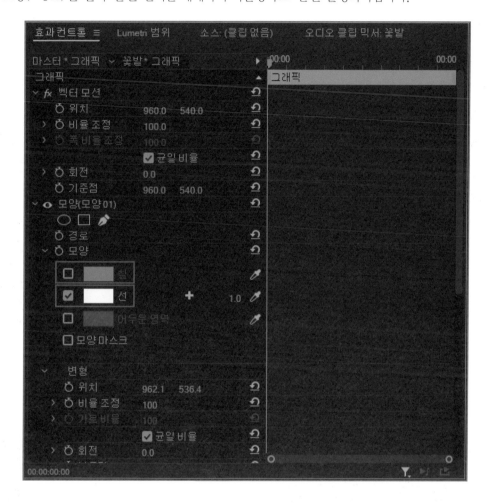

사각형의 테두리 부분만 활성화되었기 때문에 그림과 같이 속이 빈 사각형이 보이게 됩니다.

'선'의 두께를 조절하여 두껍게 만듭니다. 선의 두께는 '선' 우측에 있는 '1.0'이라는 숫자 값으로 조절이 가능합니다. 그림과 같이 두께 값을 높이면 영상의 테두리가 완성됩니다. 테두리의 색상은 '선'의 왼쪽에 있는 흰색 항목을 클릭하여 변경할 수 있습니다.

색상 피커 창에서 원하는 색상을 선택한 후 [확인] 버튼을 눌러 테두리의 색상을 변경합니다.

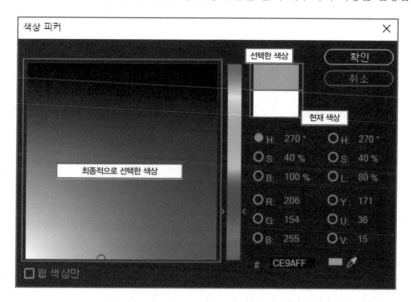

TIP

영상과 어울리는 색상을 찾기 어렵다면 기본적으로 영상 안에 포함되어 있는 색상을 사용하는 것이 무난하게 잘 어울립니다.

영상을 재생하면 영상의 일부분에만 테두리가 적용된 것을 확인할 수 있습니다. 이는 타임라인에 삽입된 분홍색 레이어의 길이가 영상의 길이와 맞지 않기 때문입니다. 영상의 처음부터 끝부분까지 테두리를 적용하고 싶다면 분홍색 레이어의 끝부분을 잡아서 드래그하여 늘려줍니다.

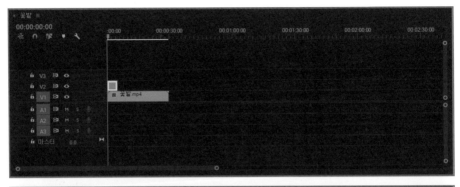

TIP

사각형 테두리를 정확하게 화면의 중앙에 두기 위해서는 기본 그래픽 패널을 이용해야 합니다. 타임라인의 분홍색 레이어를 선택한 후, 우측의 기본 그래픽 패널에 나타나는 '모양01'을 클릭합니다. '정렬 및 변형'에서 '세로로 정렬'과 '가로로 정렬'을 클릭하면 사각형 테두리는 화면의 정중앙에 위치하게 됩니다.

2. 화면 반쪽에 글씨 넣기

사각형과 자막을 사용해 그림과 같은 디자인을 해보겠습니다.

'꽃밭' 영상을 불러오고 타임라인으로 드래그하여 시퀀스를 생성합니다.

사각형 도구로 변경한 후 프로그램 모니터 패널에서 사각형을 그립니다. 영상이 화면에 딱 맞게 들어가 있기 때문에 사각형으로 덮기 어려울 때는 프로그램 모니터 패널의 좌측 하단의 '확대/축소 레벨 선택'에서 보이는 화면의 크기를 조절하여 작업합니다.

확대/축소 레벨을 25%로 변경한 경우

문자 도구를 사용하여 원하는 문구를 사각형 위에 입력합니다. 만약 입력한 문구가 보이지 않는다면 글씨가 흰색으로 설정되어 있기 때문입니다(예제에서 사용한 서체는 제주감귤체입니다).

TIP

사각형을 그리고 문구를 입력하면 타임라인에는 한 개의 분홍색 레이어만 나타납니다. 이는 사각형이 포함되어 있는 레이어를 선택한 상태에서 자막을 입력했기 때문에 하나의 레이어에 함께 포함되어 있기 때문입니다. 분홍색 레이어를 선택한 후 효과 컨트롤 패널을 살펴보면 다음과 같이 '텍스트(봄이 온다)'와 '모양(모양01)'이 함께 들어가 있는 것을 확인할 수 있습니다. 만약 사각형과 문구의 레이어를 분리하여 사용하고 싶다면, 사각형을 그린 후 타임라인에서 선택되어 있는 레이어를 선택 해제(빈 공간을 클릭)한 뒤 글씨를 입력하면 두 개의 레이어가 생성되어 따로 관리할 수 있습니다.

영상을 재생하면 꽃밭의 우측 부분만 보입니다. 해당 영상에서는 영상이 중앙에 재생되는 것이 조금 더 자연스럽기 때문에 영상 클립을 우측으로 옮겨줍니다. 시퀀스 안에 있는 꽃 영상 클립을 클릭한 후, 효과 컨트롤 패널의 위치 값 중 가로 값을 조절합니다.

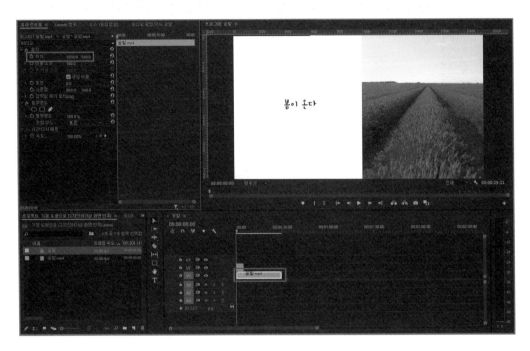

3.   심플한 인트로 화면 만들기

이번에는 간단한 인트로 화면을 만들어보겠습니다. '꽃밭' 영상을 불러온 후 타임라인으로 드래 그하여 시퀀스를 생성합니다.

'확대/축소 레벨 선택'에서 25%를 선택하여 보이는 영상의 크기를 줄인 후, 사각형 도구로 화면 전체를 덮어줍니다.

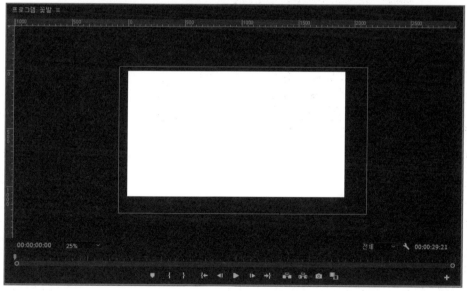

효과 컨트롤 패널에서 '모양(모양01)'을 열어 '불투명도'를 적당히 낮춰줍니다.

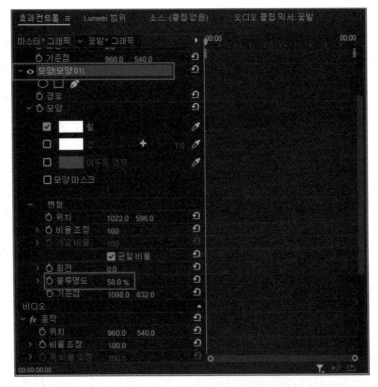

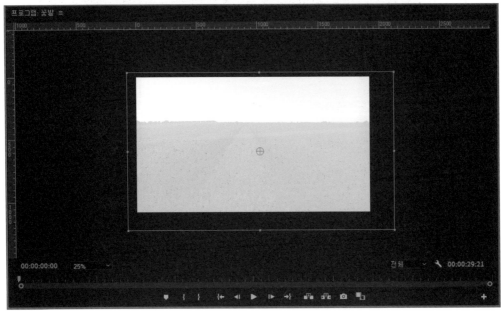

불투명도를 58%로 낮춘 경우

문자 도구로 원하는 문구를 입력합니다.

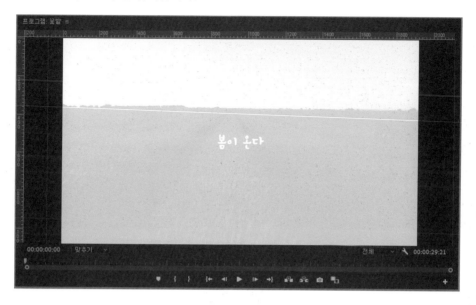

완성되었지만 영상을 재생해보면 사각형과 문구가 갑자기 사라지는 것을 볼 수 있습니다. 사각형과 문구가 서서히 사라지도록 만들기 위해 '비디오 전환' 효과 중 '교차 디졸브'를 레이어 끝부분에 적용하겠습니다.

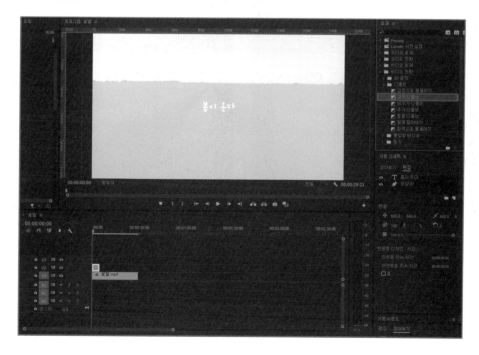

'교차 디졸브' 외에 다른 효과를 사용하게 되면 해당 효과 부분의 영상이 어색하게 보이기 때문에 자막이나 도형이 들어가 있는 레이어에는 대부분 '교차 디졸브'가 사용됩니다.

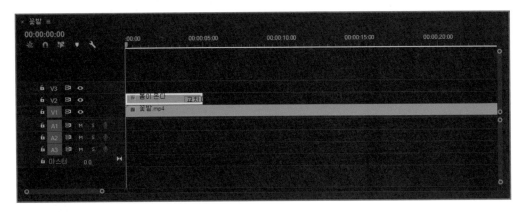

교차 디졸브 효과가 적용된 인트로 화면이 완성되었습니다.

완성 화면

TIP

'비디오 전환' 효과는 영상뿐만 아니라 도형이나 글씨와 같은 레이어에도 적용이 가능합니다.

04 색감 보정으로 스타일 입히기

영상의 색 보정은 기획 단계에서 설계한 영상의 콘셉트와 밀접한 관련이 있는 단계입니다. 따라서 영상 스타일에 적합한 색 보정 작업을 통해 영상의 질을 확연히 높일 수 있습니다. 색 보정에는 매우 다양한 요소들이 혼재되어 있는데, 그중에서 우리가 사용할 수 있는 항목들을 위주로 다루어보겠습니다.

1. Lumetri 색상 효과로 색감 보정하기

'해변' 영상을 불러오고 타임라인으로 드래그하여 시퀀스를 생성합니다.

영상 출처 : https://www.pexels.com/ko-kr/video/1739010/

효과 패널에서 'Lumetri 색상(Lumetri color)'을 검색합니다. 검색하여 나온 효과를 영상에 드래그
하여 적용합니다.

효과 컨트롤 패널에서 Lumetri 색상을 확인할 수 있습니다. Lumetri 색상에는 다양한 속성들이
있습니다.

1-1 기본 교정

먼저 '기본 교정'부터 살펴보겠습니다.

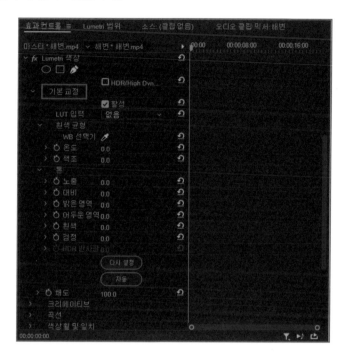

	−	+
온도	차가운 느낌(전반적으로 파란색 추가)	따뜻한 느낌(전반적으로 오렌지색 추가)
색조	초록색 추가	자주색 추가
노출	어둡게	밝게
대비	색감의 경계를 흐릿하게	색감의 경계를 또렷하게
밝은 영역	영상 내에서 밝은 부분(예제에서는 하늘, 파도 등)을 어둡게	영상 내에서 밝은 부분(예제에서는 하늘, 파도 등)을 밝게
어두운 영역	영상 내에서 어두운 부분(예제에서는 그림자 부분)을 어둡게	영상 내에서 어두운 부분(예제에서는 그림자 부분)을 밝게
흰색	영상에서의 흰색 요소를 감소	영상에서의 흰색 요소를 증가
검정	영상에서의 검은색 요소를 감소	영상에서의 검은색 요소를 증가
채도	색감 감소(0이면 흑백)	색감 증가

기본 교정 항목만 살펴보더라도 상당히 많은 요소들을 확인할 수 있습니다. 보정을 할 때 이 모든 것을 조절해야 하는 것은 아닙니다. 상황에 따라 조절해야 하는 값과 그 수준이 모두 다르겠지만, 처음부터 색감에 대해 심도 있게 접근하기보다는 두 가지 요소만을 사용해보는 것이 좋습니다. 바로 '대비'와 '채도' 값입니다.

❶ 대비

대비 값을 낮춰보면 본 영상의 색감보다 약간 흐릿해지는 듯한 느낌을 줍니다. 이는 색상 간의 경계를 흐릿하게 만드는 효과를 주기 때문에 뽀얗고 몽환적인 느낌의 영상을 만들고 싶을 때 사용하기 좋습니다. 반대로 대비 값을 올려주면 경계가 명확해지기 때문에 깨끗하고 명확한 느낌의 영상에 잘 어울립니다.

보정 전

보정 후(대비 값 = −100)

보정 후(대비 값 = 67)

❷ 채도

채도 값은 색상의 강도입니다. 다른 요소들과 달리 채도 값은 기본 값이 100입니다. 값이 100보다 작아지면 영상의 색감이 사라져서 0이 되었을 때는 흑백으로 변합니다. 반대로 100보다 값이 증가되면 색의 강도가 강해져 더 많은 색상이 입혀진 것처럼 보입니다.

보정 전

채도 값 0

채도 값 200

색 보정 작업 시에는 원본 영상과 비교하면서 작업하는 것이 좋습니다. '기본 교정' 바로 하단에 있는 '활성'을 선택 해제하면 '기본 교정'에서 적용한 값들이 모두 적용되지 않기 때문에 원본 영상을 볼 수 있습니다.

1-2 곡선

다음으로 살펴볼 속성은 '곡선'입니다. 빛의 3원색인 빨강(R), 초록(G), 파랑(B)과 3원색이 합쳐진 흰색이 있습니다. 기본적으로 선택되어 있는 흰색 그래프는 밝기를 조절해주는 요소라고 이해하면 됩니다. 가장 많이 사용하는 보정 방식은 S자 형태의 그래프를 만드는 것으로, S자 형태의 그래프의 의미는 '밝은 부분을 더 밝게, 어두운 부분을 더 어둡게' 한다는 것입니다. 그래프의 우측 상단 부분은 밝은 영역, 중간 부분은 중간 영역, 그리고 좌측 하단 부분은 어두운 영역입니다. 따라서 S자 형태의 그래프를 만들면 밝은 부분과 어두운 부분을 더욱 강조하기 때문에 시각적으로 강렬한 느낌을 만들 수 있습니다.

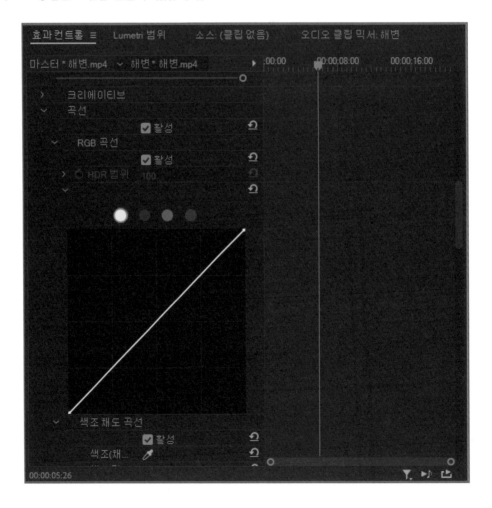

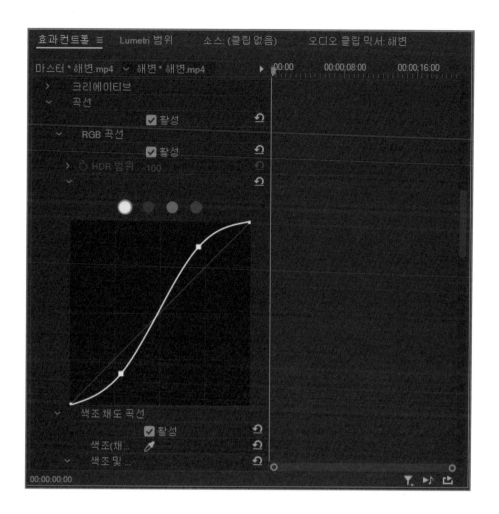

보정 전

S자 형태의 곡선 보정

❶ 색조 채도 곡선

곡선 하단에 있는 '색조 채도 곡선'은 정말 유용한 기능입니다. 특정 색조의 채도 값을 조절해주는 기능으로, 현재 예시에서 사용하고 있는 영상 속 바다를 더 푸르게 혹은 더 옅게 보정이 가능합니다. 그래프에서 조절하고 싶은 색상을 선택한 후 위로 올려주면 채도 값이 증가하고, 아래로 내려주면 채도 값이 감소합니다.

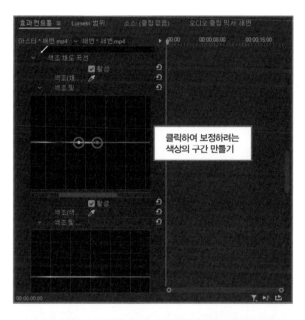

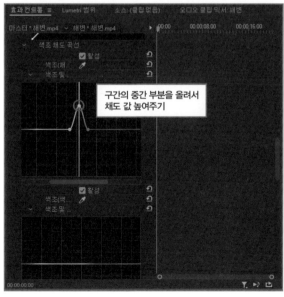

보정 전

파란색 색조의 색조 채도 곡선 보정

Lumetri 색상 효과를 사용해 보정을 해보았습니다. 앞에서 언급한 바와 같이 원본 영상과 비교해가면서 보정하는 것이 좋기 때문에 '활성' 영역을 해제/선택하며 작업하는 것이 좋지만 '기본 교정', '곡선' 등을 모두 사용하다 보면 전체적인 보정 전후를 비교하기가 어렵습니다. 이때 'Lumetri 색상' 좌측의 fx 아이콘을 클릭하면 해당 효과가 활성/비활성화되는 것을 확인할 수 있습니다.

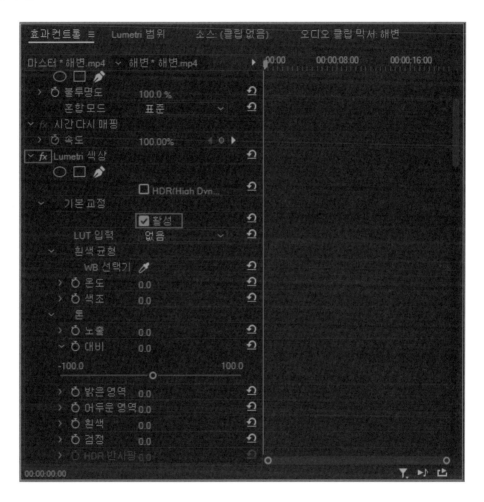

2. 색 보정 효과 똑같이 적용하기

영상 클립 하나에 적용된 색 보정 효과를 다른 클립에도 똑같이 적용하고 싶을 때에는 어떻게 해야 할까요?

- 적용된 Lumetri 색상 효과를 복사하여 붙여넣기
- 조정 레이어(adjustment layer) 사용하기

현재 영상에 적용되어 있는 효과는 그대로 복사/붙여넣기가 가능합니다. 하지만 영상 클립이 많아지고 후에 수정을 하고 싶다면 다시 복사하여 붙여넣는 작업을 반복해야 하기 때문에 매우 비효율적입니다. 따라서 두 번째 방법과 같이 '조정 레이어'라는 레이어를 사용해보겠습니다. 조정 레이어는 '영상 크기와 같은 크기의 투명한 종이'입니다. 투명한 종이를 영상 위에 올리고, 그 종이에 색 보정 효과인 Lumetri 색상을 적용시켜 보정한다면 아래에 위치한 영상 모두가 다 보정된 효과를 받을 수 있습니다.

프로젝트 패널 우측 하단의 새 항목 아이콘을 클릭하고 [조정 레이어]를 클릭합니다.

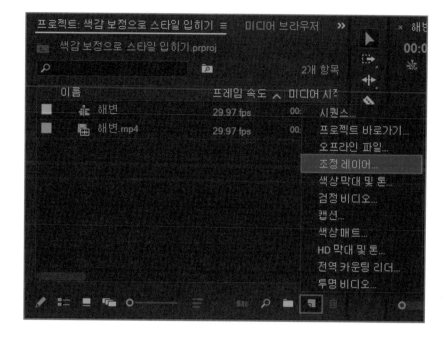

조정 레이어 창이 나타나고 [확인]을 클릭하면 프로젝트 패널에 조정 레이어가 생성됩니다.

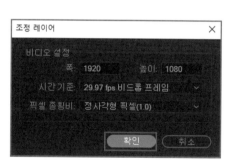

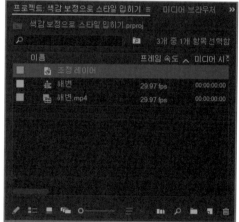

조정 레이어를 V2 트랙으로 드래그합니다.

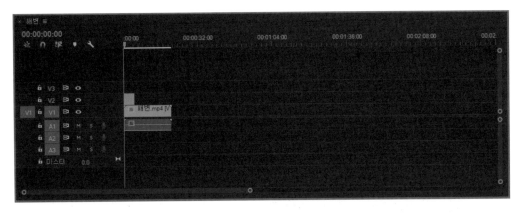

조정 레이어는 영상 클립이 아니기 때문에 길이를 자유롭게 조절할 수 있습니다. 레이어의 끝 부분을 드래그하여 영상의 길이와 맞춰줍니다.

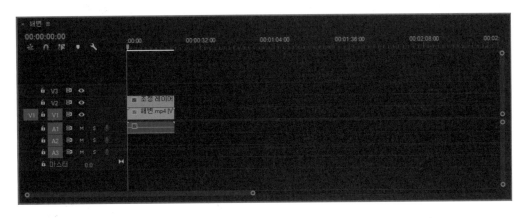

Lumetri 색상 효과를 조정 레이어에 적용하면 하단에 위치한 영상이 보정됩니다. 이와 같이 조정 레이어를 사용하면 수정이 용이하고 한 번에 여러 영상을 보정할 수 있어 매우 효율적입니다.

05 음악/효과음 넣기

영상 제작의 가장 마지막 단계는 음악, 효과음 등의 음향 편집입니다. 사진과 달리 영상에는 대부분 동적 요소가 포함되어 있고 이와 같은 동적 요소들을 실감나게 보여주는 역할을 하는 것이 음향입니다. 직접 촬영하는 영상의 경우 저작권에서 자유롭지만, 음향은 직접 제작하기가 쉽지 않아 기존에 만들어져 있는 자료들을 사용해야 합니다. 이때 저작권과 관련된 부분을 필수적으로 확인해야 합니다.

■ **유튜브 오디오 라이브러리: https://www.youtube.com/audiolibrary/**

유튜브 오디오 라이브러리(Youtube Audio Library)는 유튜브 채널을 만들어야 이용할 수 있습니다. 원하는 음악을 우측의 다운로드 버튼을 클릭하여 받은 후 사용하면 되지만 한 가지 주의 사항이 있습니다. '저작자 표시' 부분을 클릭하여 보이는 '저작자 표시 필요'로 검색하여 나오는 음악들은 해당 음악의 저작자를 명시해주어야 사용이 가능합니다. 저작자 부분은 영상 설명란에 명시하면 됩니다.

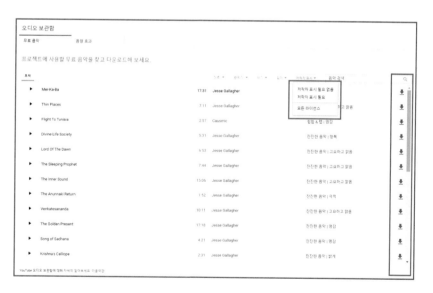

■ 각종 유튜브 채널

그다음으로 무료 음악을 찾아볼 수 있는 곳은 유튜브 채널입니다.

NoCopyrightSounds ✓
구독자 2670만명 · 동영상 782개
NoCopyrightSounds is a copyright free / stream safe record label, providing free to use music to the content creator community.

Vlog No Copyright Music ✓
구독자 145만명 · 동영상 790개
The best Vlog No Copyright Music in the world for content creators. New video every week. Enjoy.

RFM - Royalty Free Music [No Copyright Music]
구독자 13.1만명 · 동영상 1,418개
No Copyright Music · Copyright Free Music · Vlog Music · Youtube Audio Library
⚡ RFM - Royalty Free Music is a RECORD ...

이와 같은 채널에 업로드되어 있는 음악들은 반드시 저작자를 명시해야 합니다. 채널별로 형식은 조금씩 다르지만 사용하고자 하는 음악의 설명란을 살펴보면 저작권과 관련된 부분이 명시되어 있으니 이를 복사하여 사용하면 됩니다.

When you are using this track, we simply ask that you put this in your description:

Track: Todd Helder & Guy Arthur feat. TITUS - Closer [NCS Release]
Music provided by NoCopyrightSounds.
Watch: https://youtu.be/ZUO3nRiw8g4
Free Download / Stream: http://ncs.io/TCloser

유튜브 채널 'NCS'의 저작자 예시

1. 음악 삽입하기

동영상 미리보기

이제 음악을 편집해보겠습니다. '서핑' 영상과 'End of the Rainbow' 음악을 불러오고 영상을 타임라인으로 드래그하여 시퀀스를 생성합니다.

영상 출처 : https://www.pexels.com/ko-kr/video/2867912/

불러온 음악 파일을 드래그하여 A2 트랙에 넣어줍니다.

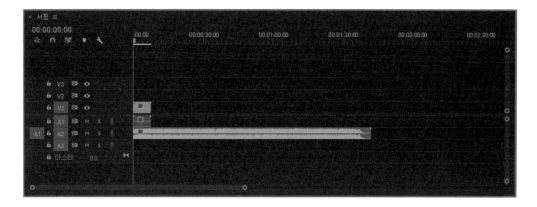

음악 파일도 영상과 마찬가지로 자르기 도구로 손쉽게 잘라낼 수 있습니다. 원하는 부분을 잘라서 영상 길이와 맞춰줍니다.

재생해보면 영상이 끝나는 지점에서 음악도 함께 종료되지만 급작스레 끝나는 느낌이 있어 어색합니다. 음향 효과를 넣어 자연스럽게 음량이 줄어들도록 만들어보겠습니다. 효과 패널의 '오디오 전환' 폴더에 있는 세 가지 효과들은 모두 음량을 점점 높이거나 점점 줄어들게 만드는 효과입니다. '비디오 전환' 효과와 마찬가지로 '오디오 전환' 효과도 음악과 음악 사이, 혹은 음악파일의 처음과 끝부분에 적용시킬 수 있습니다.

'가속 페이드' 효과를 음악이 끝나는 지점에 적용합니다. '오디오 전환' 효과는 적용 후 길이를 늘려서 사용하는 것이 자연스럽기 때문에 해당 효과를 드래그하여 길이를 늘려줍니다.

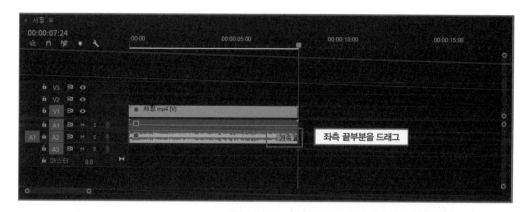

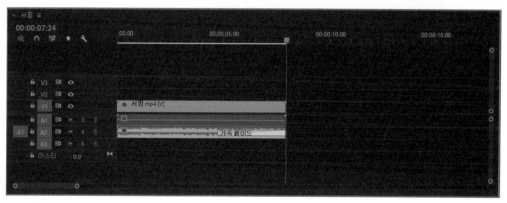

2. 음량 크기 조절하기

다음으로 음량의 크기를 조절해보겠습니다. 음악 클립에서 마우스 오른쪽 버튼을 클릭한 후 [오디오 게인]을 클릭합니다.

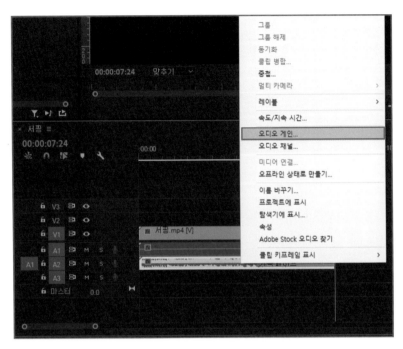

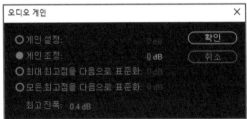

속성	설명
게인 설정(Set Gain to)	원본 음량에서 변화시키려는 크기
게인 조정(Adjust Gain by)	현재 음량에서 변화시키려는 크기
최대 최고점을 다음으로 표준화 (Normalize Max Peak to)	최대 음량 크기를 다음의 크기로 맞춰주는 설정
모든 최고점을 다음으로 표준화 (Normalize All Peaks to)	다수의 음향 클립을 다음의 크기로 맞춰주는 설정

음량의 적절한 크기는 어느 정도일까요? 영상을 재생해보면 타임라인 우측에 있는 오디오 미터 패널에서 음량을 확인할 수 있습니다. 음량의 단위는 데시벨(dB)이며, 일반적으로 적절한 음량의 크기는 −3~−6dB 정도입니다. 예시로 사용하고 있는 음악의 크기는 최고점인 0dB을 계속해서 넘어가는 것을 확인할 수 있습니다. 따라서 해당 음악의 음량을 −3dB로 낮춰보겠습니다. 오디오 게인 창의 가장 하단에 있는 '최고 진폭'은 현재 선택된 클립의 최대 음량 크기를 나타냅니다. 따라서 이를 −3dB로 맞추기 위해 '게인 설정' 값을 '−3.4'dB로 입력하고 [확인]을 클릭합니다.

음악 파일의 진폭이 약간 줄어든 것을 확인할 수 있습니다. 다시 오디오 게인 창을 띄운 후, '게인 조정' 값을 조절합니다. 게인 조정 값은 현재 음량에서 크기를 조절하는 값으로, 만약 3dB을 줄여보면 게인 설정 값이 −6.4dB로 바뀌는 것을 확인할 수 있습니다. '게인 설정'과 '게인 조정' 모두 음량을 조절하는 기능이므로 상황에 따라 원하는 기능을 사용하면 됩니다.

음량을 조절하기 전

음량을 −3.4dB 줄인 후

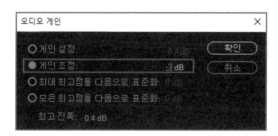

PART 03
더욱 다채로운 영상 만들기

이제 기본적인 편집 기술을 모두 익혔습니다. 지금부터는 영상에 들어가는 무수한 효과들을 직접 디자인해보도록 하겠습니다. 효과를 디자인하는 것은 각 효과마다 다르지만 원리는 대부분 유사합니다. 모든 효과에는 처음·중간·끝이 반드시 존재하고, 각 단계마다 어떤 모습일지 생각해보는 방식으로 접근한다면 어렵지 않게 만들 수 있습니다.

01 다양한 효과 구현을 위한 기능

효과를 만들기 위해서는 크게 두 가지의 기능이 사용됩니다. 애니메이션 토글/키 프레임과 마스크 라는 두 기능을 통해 대부분 구현이 가능하기 때문에 이에 대해서 알아보겠습니다.

1. 애니메이션 토글과 키 프레임

동영상 미리보기

애니메이션 토글은 영상의 위치 값, 비율 조정 값 등의 영상 속성을 시간에 따라 변화하도록 만들 수 있는 기능입니다.

효과 컨트롤 안에 있는 '위치', '비율 조정' 등의 속성은 언제나 한 개의 값으로 고정되어 있습니다. 만약 애니메이션 토글 기능을 사용하면 해당 값을 시간에 따라 변화하도록 만들 수 있습니다. 예를 들어, '비율 조정' 값의 '애니메이션 토글'을 이용하여 영상이 점점 확대되게 만들거나, '텍스트'의 '위치' 값의 '애니메이션 토글'을 이용하여 자막이 왼쪽에서 오른쪽으로 날아들어오게 만들 수 있습니다.

영상이 점점 확대되는 효과를 만들어보겠습니다. 먼저 효과가 적용되는 구간에서의 영상의 모습을 생각해보겠습니다. 효과 적용 전은 일반적인 영상의 모습, 효과 적용 후는 확대된 영상의 모습입니다.

효과의 전후를 비교해 보면 영상의 크기가 달라진 것을 알 수 있습니다. 따라서 영상 속성 중 비율 조정 값을 이용하여 만들어보겠습니다.

TIP

키 프레임은 인디케이터를 기준으로 생성되는데, 인디케이터가 영상 클립의 처음과 끝부분에 위치하게 되면 인터페이스 특성상 키 프레임을 보거나 움직이기 힘들기 때문에 중간 부분에 위치시키는 것이 편리합니다.

영상 클립을 클릭하고 효과 컨트롤 창을 열어줍니다. 인디케이터는 영상 클립의 처음과 끝이 아닌 중간 부분으로 위치시킵니다.

'위치', '비율 조정' 등의 영상 속성의 왼편에는 초시계 모양의 아이콘이 있습니다. 해당 아이콘이 바로 '애니메이션 토글'이라는 기능입니다. '애니메이션 토글'이 흰색일 때에는 비활성화 상태, 파란색일 때에는 활성화 상태입니다.

'비율 조정'의 애니메이션 토글을 클릭하여 활성화합니다. 애니메이션 토글을 활성화하면 인디케이터 부분에 마름모 모양의 아이콘이 생기는데, 해당 아이콘을 '키 프레임'이라고 부릅니다.

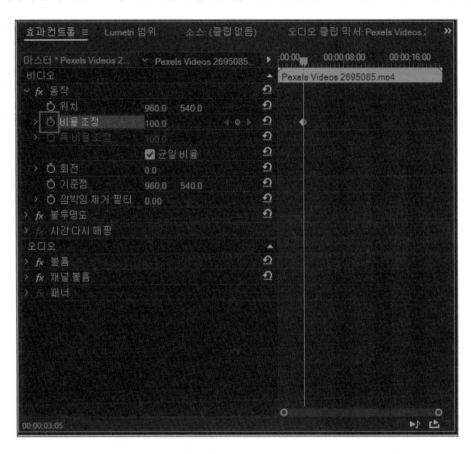

효과가 끝날 지점으로 인디케이터를 위치시킵니다.

두 가지 방법으로 또 다른 키 프레임을 만들 수 있습니다.

❶ 비율 조정의 오른편에 있는 키 프레임 생성 아이콘 ◀ ◦ ▶ 을 클릭하는 방법

❷ 바로 비율 조정 값을 조절하는 방법

그림과 같이 비율 조정 값을 200으로 만들어주면 자동으로 키 프레임이 생성됩니다.

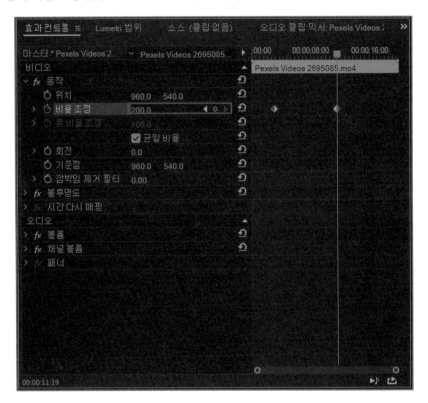

이제 영상이 확대되는 효과가 완성되었습니다. 만약 키 프레임의 값을 수정하고 싶다면, 인디케이터를 해당 키 프레임 위에 위치시켜야합니다. 하지만 인디케이터를 정확하게 키 프레임에 위치시키기 어렵기 때문에 다음과 같은 기능을 사용하면 조금 더 쉽게 위치시킬 수 있습니다.

❶ 키 프레임을 생성하는 아이콘 ◀ ◦ ▶ 양 옆에 있는 화살표로 이동하기

❷ Shift 를 누른 상태로 인디케이터를 드래그하기

위와 같은 효과는 매우 쉽게 만들었지만, 영상이 확대되는 속도가 일정하기 때문에 단조로운 느낌입니다. 만들어진 효과를 응용하여 처음에는 빠르게 확대되고 후에는 천천히 확대되는 효과를 만들어보도록 하겠습니다.

'비율 조정'의 애니메이션 토글 왼편에 있는 꺾쇠 모양을 클릭하면, 그림과 같이 두 개의 그래프를 확인할 수 있습니다.

첫 번째 그래프는 비율 조정 값의 그래프이고, 두 번째 그래프는 비율 조정 값이 변하는 속도의 그래프입니다. 속도 그래프의 모양을 수정하는 것보다 값의 그래프를 수정하는 것이 조금 더 편리하기 때문에 첫 번째 그래프를 조정해보겠습니다.

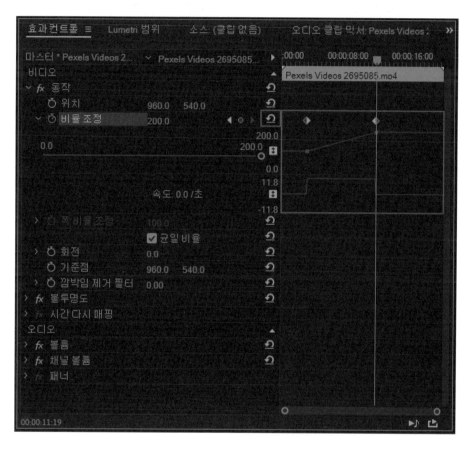

하나의 키 프레임을 클릭해보면, 그림과 같이 속도 그래프의 양 끝부분에 그래프 모양을 변화시킬 수 있는 손잡이 모양의 아이콘이 나타납니다.

하지만 값의 그래프에는 속도 그래프와 같은 아이콘이 나타나지 않습니다. 속도 그래프와 마찬가지로 해당 아이콘이 만들어지도록 설정해보겠습니다.

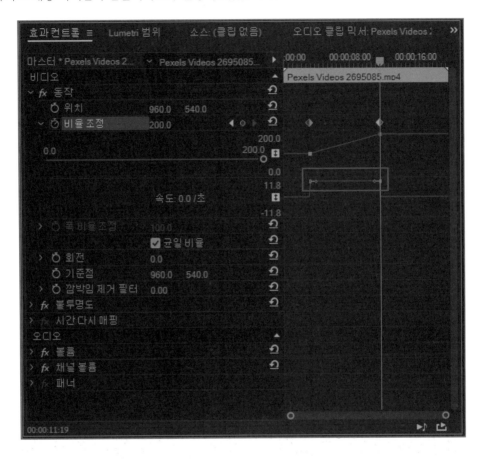

드래그하여 두 키 프레임을 함께 선택한 후, 키 프레임에서 마우스 오른쪽 버튼을 클릭합니다.
메뉴에서는 선형이 선택되어 있는데, 바로 밑에 있는 [베지어]를 클릭합니다.

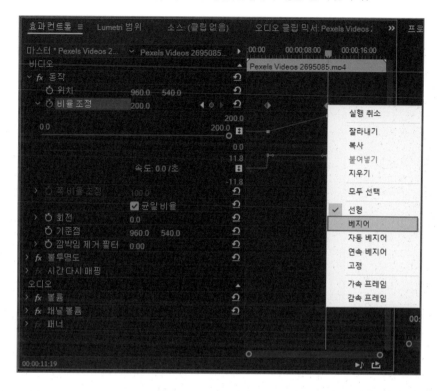

베지어를 적용하면 앞의 그림과 같이 키 프레임들이 모래시계 모양으로, 선형이었던 그래프들
이 곡선으로 바뀝니다.

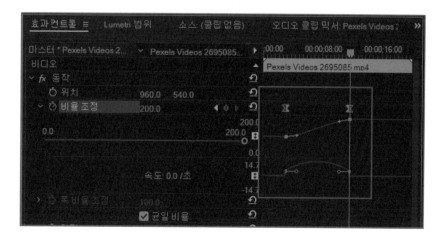

이제 값의 그래프에도 손잡이 모양의 아이콘이 생성되었으니 이를 조절하여 다음과 같은 그래프 모양으로 만들어보겠습니다.

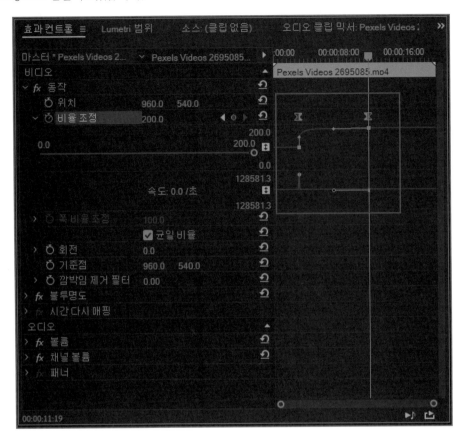

효과가 완성되었습니다. 이와 같이 키 프레임의 속성을 베지어로 설정하면 그래프의 모양을 자유롭게 변형시킬 수 있습니다.

TIP

그래프의 모양이 위의 그림과 일치해야만 하는 것은 아닙니다. 하지만 효과 후의 영상이 더 오래 지속되어야 한다면 위의 그림과 비슷한 형태의 그래프로 만드는 것이 더 자연스럽습니다. 하지만 하나의 영상 클립이 지속되다가 다음 영상으로 넘어가기 전에 효과가 적용된다면 다른 형태의 그래프 모양이 더 어울립니다. 효과의 앞 부분에서는 속도가 느리고, 뒷부분으로 갈수록 속도가 빨라지는 형태의 그래프 모양으로 만들어주는 것이 더 자연스럽게 보입니다.

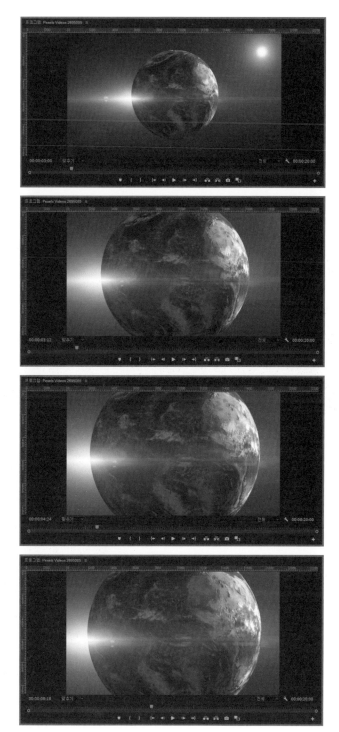

완성 화면

2. 마스크

마스크는 영상, 레이어, 혹은 글씨 등의 특정한 부분만 보이거나 보이지 않게 할 수 있는 기능입니다. 마스크 기능을 사용하면 특정한 부분만 보이거나 보이지 않도록 설정할 수 있습니다. 예를 들어, 인물의 얼굴 뒤쪽으로 자막을 넣는다거나, 특정 인물의 얼굴을 가리는 모자이크 등을 만들 수 있습니다. 가장 기본적인 영상에서의 마스크 기능은 해당 영상의 효과 컨트롤 패널에 있는 '불투명도'에서 찾아볼 수 있습니다.

영상 클립을 클릭하여 효과 컨트롤 창을 열어줍니다.

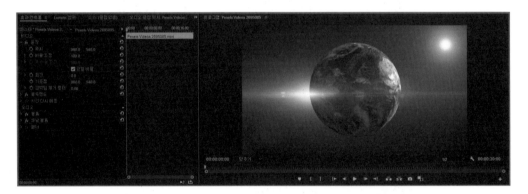

'불투명도' 왼편의 꺾쇠 모양 아이콘을 클릭하면 하단에 원형, 사각형, 펜 모양의 아이콘을 확인할 수 있습니다. 해당 기능은 펜 도구, 사각형 도구, 원형 도구와 모양이 같지만 완전히 다른 마스크 기능입니다.

원형 모양을 클릭하면 다음과 같이 '마스크(1)'이 생성되고, 화면에서는 원형 부분만 보이게 됩니다.

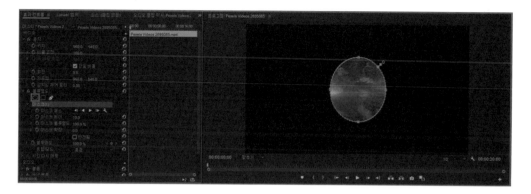

원형 모양을 조설하여 지구만 보이도록 만들어보겠습니다.

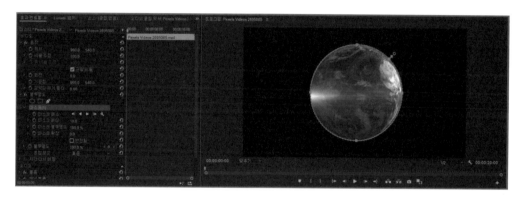

마스크를 적용한 영상이 완성되었습니다. 마스크 기능은 매우 간단하지만 응용도가 상당히 높은 기능입니다. 마스크를 응용하여 만들 수 있는 효과들은 뒤에서 자세히 다루겠습니다.
마스크를 생성할 때에는 앞의 그림에서 확인한 것과 같이 다양한 속성들이 함께 생성됩니다.

❶ 마스크 패스: 마스크 패스는 말 그대로 마스크의 경로를 나타냅니다. 따라서 시간에 따라 마스크의 모양을 변형시킬 수 있는 속성이며, 애니메이션 토글을 활성화해야만 사용이 가능합니다. 오른편에 있는 재생 버튼과 같은 아이콘들은 마스크로 설정된 영역을 따라다니면서 마스크를 설정해주는 기능입니다. 영상의 조건에 따라 적용이 잘 되기도, 안 되기도 하지만 모자이크 처리와 같은 효과를 만들어 줄 때 유용하게 사용할 수 있습니다.

❷ 마스크 페더: 마스크 영역의 경계 부분을 흐릿하게, 혹은 딱 떨어지게 만드는 속성입니다. 두 개의 영상을 중첩시킨 후 위에 있는 영상에 마스크를 적용했을 때, 뒤에 있는 영상과 확연하게 구분되는 느낌이 든다면 해당 속성 값을 올려서 경계를 흐릿하게 해주는 것도 좋은 방법입니다.

❸ 마스크 불투명도: 마스크로 지정된 영역의 불투명도를 설정하는 속성입니다.

❹ 마스크 확장: 마스크로 지정된 영역의 크기를 모양의 변화 없이 조절할 수 있게 해주는 속성입니다.

❺ 반전됨: 마스크로 지정된 부분만 보이지 않도록 만들어주는 속성입니다. 즉, 설정된 영역을 반전시켜서 나머지 부분만 보이도록 만들 수 있습니다.

'애니메이션 토글/키 프레임'과 '마스크' 기능에 대해서 알아보았습니다. 앞서 언급한 바와 같이 대부분의 효과들은 두 기능을 통해 만들 수 있습니다. 어떻게 사용해야 하는지에 대해서는 학습이 되었지만 어떤 방식으로 활용하는지에 대해서는 아직 감이 오지 않는 것은 당연한 일입니다. 이어서 나올 예제들을 통해 영상에서 직접 사용할 수 있는 효과들을 만들어보겠습니다.

02 영상의 특정 부분이 점점 확대되는 효과 만들기

영상의 특정한 부분이 점점 확대되는 효과를 만들어보겠습니다. 타임스탬프를 사용해 효과를 만들 때에는 효과의 시작과 끝의 모습을 생각해보면 어렵지 않게 만들 수 있습니다. 영상이 점점 확대되는 효과는 영상의 크기와 관련되기 때문에 비율 조정 값을 조절하여 만들 수 있습니다. 하지만 비율 조정만을 이용하여 효과를 만들면 영상의 중간 부분으로만 확대/축소되기 때문에 영상의 특정 부분에 효과를 적용시킬 수 없습니다. 이때는 기준점 값을 원하는 곳에 위치시킨 후 효과를 적용하여 해결할 수 있습니다.

시퀀스를 만들고 샘플 영상을 불러옵니다. 시퀀스에 삽입되어 있는 영상 클립을 클릭하면 왼쪽 상단에 효과 컨트롤 창이 나타납니다.

동영상 미리보기

영상 출처 : https://www.pexels.com/video/slow-motion-footage-of-a-woman-walking-on-beautifully-tiled-hallway-between-huge-columns-3015535/

효과 컨트롤 창에서 '기준점'을 클릭한 후 영상 내에서 원하는 위치로 이동시킵니다. 여기에서는
인물의 얼굴이 확대되는 느낌을 만들기 위해 기준점을 인물의 얼굴 부분에 두었습니다.

이제 본격적인 확대 효과를 만들기 위해 효과가 시작될 부분으로 인디케이터를 위치시킵니다.

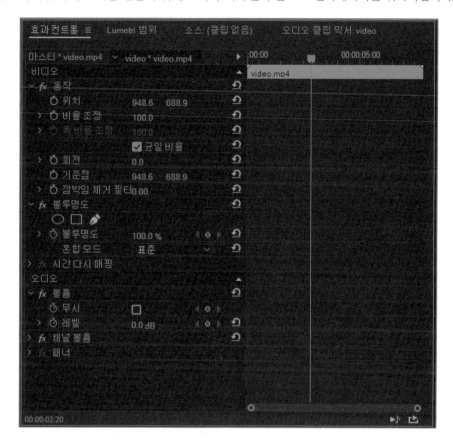

'비율 조정'의 타임스탬프를 활성화합니다.

효과가 끝나는 지점으로 인디케이터를 위치시킵니다.

원하는 만큼 '비율 조정'의 값을 증가시킵니다.

효과가 완성되었습니다. 하지만 영상을 재생해보면 조금은 어색한 느낌이 들 수 있습니다. 이는 효과가 적용되는 시간이 길거나, 혹은 영상이 확대되는 속도가 일정하기 때문입니다. 조금 더 트렌디한 느낌을 주기 위해 효과가 적용되는 시간을 줄여보겠습니다.

❶ 효과가 적용되는 시간의 길이 줄이기

효과가 적용되는 시간의 길이를 줄이기 위해서는 두 키 프레임의 간격을 조절해야 합니다. 짧은 시간 동안 효과가 적용되도록 만들기 위해 효과가 끝나는 지점의 키 프레임을 드래그하여 왼쪽으로 옮겨줍니다.

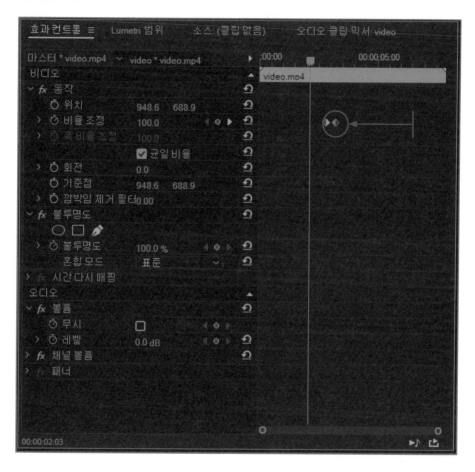

TIP

두 키 프레임의 간격이 짧아지는 것만으로 효과가 적용된 영상의 느낌이 완전히 바뀌었습니다. 이처럼 효과를 만들 때에는 키 프레임의 간격을 조절하는 것만으로도 효과의 느낌이 상당히 달라집니다.

❷ 영상이 확대되는 속도에 변형 주기

짧아진 두 키 프레임의 사이를 다시 어느 정도 늘려줍니다.

'비율 조정'의 왼쪽에 있는 꺾쇠 모양의 아이콘을 클릭하면 그래프를 확인할 수 있습니다. 첫 번째 그래프는 비율 조정 값의 그래프이고, 두 번째 그래프는 비율 조정 값이 변하는 속도를 나타냅니다.

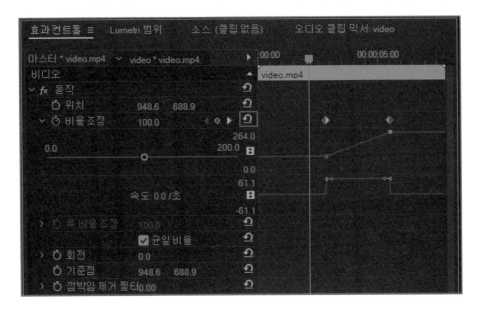

키 프레임 사이의 그래프 모양을 바꾸어보겠습니다. 속도 그래프를 직접 조절할 수도 있지만 인터페이스상 조절하는 것이 조금 불편하므로 비율 조정 값의 그래프를 조절하겠습니다. 현재 상태에서는 선형 모양의 그래프를 조절할 수 없기 때문에 설정을 바꿉니다. 두 키 프레임을 모두 선택한 후에 키 프레임에서 마우스 오른쪽 버튼을 클릭하여 [베지어]를 선택합니다.

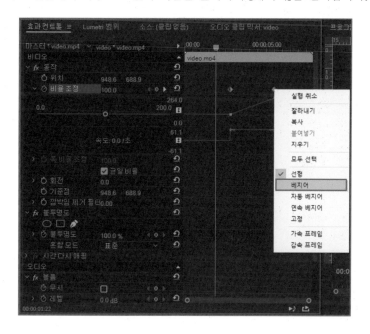

키 프레임의 모양이 모래시계 모양으로 변형되고, 그래프에는 모양을 조절할 수 있는 손잡이 아이콘이 생겼습니다.

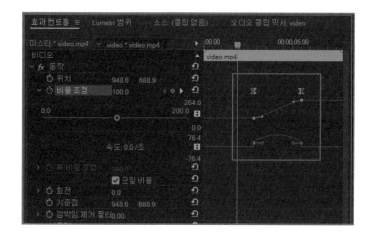

영상이 일정 시점에서 급속도로 확대되는 느낌으로 만들어보겠습니다. 손잡이 아이콘을 조절하여 그림과 같은 형태의 그래프로 바꾸어보겠습니다.

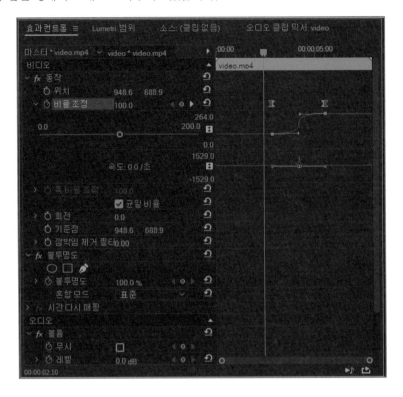

처음에 만들었던 효과보다 훨씬 더 트렌디한 느낌의 효과가 완성되었습니다. 키 프레임의 간격을 조절하는 것과 마찬가지로, 키 프레임 간의 그래프 형태를 변형하여 기존의 효과와 완전히 다른 느낌의 효과를 만들 수 있습니다.

TIP

첫 번째 키 프레임의 손잡이 아이콘을 조절할 때 앞 부분의 가로선보다 아래로 감소하는 그래프 모양을 만들면 영상의 크기가 줄어들었다가 커지기 때문에 어색한 느낌을 주게 됩니다. 마찬가지로 두 번째 키 프레임의 손잡이 아이콘을 조절할 때에도 그다음에 나오는 가로선보다 위로 향하는 모양의 그래프를 만들게 되면 효과가 적용되는 마지막 부분에서 확대되었다가 다시 약간 축소되는 느낌을 주게 되어 어색해지므로 이 두 가지 경우를 주의해야 합니다.

완성 화면

TIP

앞에서 만들어본 그래프의 형태가 반드시 정답은 아닙니다. 때로는 효과가 끝나는 지점에서 영상이 급속도로 확대될 수도 있고, 반대로 영상이 축소되는 효과를 만들 때에는 효과가 시작되는 부분에서 급속도로 축소되는 형태의 그래프로 만들 수도 있습니다.

03 원하는 방향에서 글씨가 날아오는 효과 만들기

원하는 방향에서 글씨가 날아오는 효과를 만들어보겠습니다. 글씨가 날아오는 것은 다시 말해서 글씨의 위치가 변화하는 모습입니다. 따라서 글씨의 위치 값을 시간에 따라 변화하도록 만들어주는 것으로 해당 효과를 간단하게 적용할 수 있습니다.

글씨가 좌측에서 날아 들어오는 효과를 만들어보겠습니다. 먼저 시퀀스를 생성하고 원하는 문구를 입력합니다.

동영상 미리보기

효과 컨트롤 패널에서 '텍스트(날아오는 글씨)' 항목을 열고 '변형' 하단에 있는 '위치' 값의 타임스탬프를 활성화시킵니다.

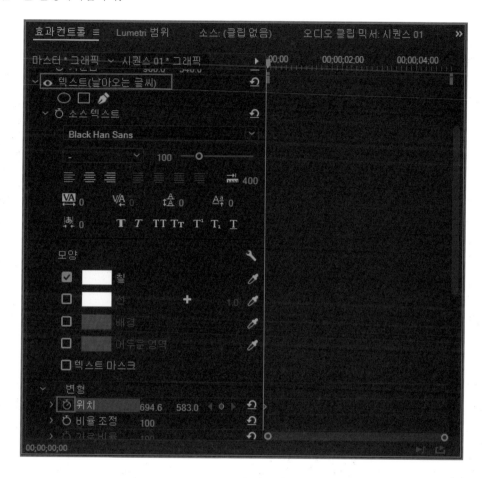

글씨가 밖에서 날아들어와야 하기 때문에 글씨를 화면 바깥의 원하는 위치로 이동시킵니다. 영상이 보이는 패널에서는 영상 바깥으로 글씨를 이동시키기 어렵기 때문에 화면 왼쪽 하단에 있는 화면 크기 조절 기능을 사용해 화면 크기를 줄입니다.

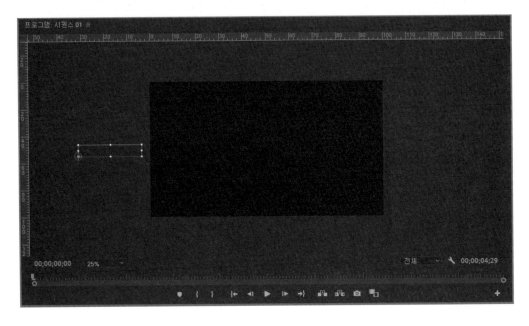

효과가 끝나는 지점에 인디케이터를 위치시킵니다.

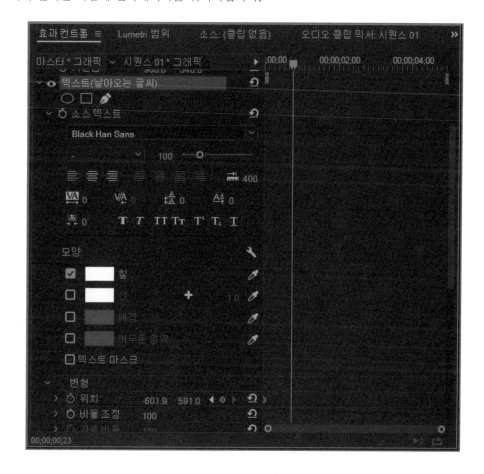

'위치'의 가로 값을 조절하여 원하는 위치로 글씨를 이동시킵니다.

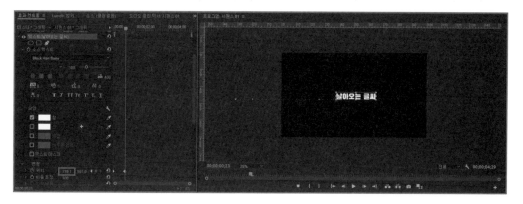

효과가 완성되었습니다. 하지만 글씨가 날아들어오는 속도가 일정하여 밋밋한 느낌입니다. 속도에 탄력성을 주어 조금 더 느낌 있게 만들어보겠습니다. 생성해 놓은 두 키 프레임을 함께 선택한 후, 키 프레임에서 마우스 오른쪽 버튼을 클릭하여 [시간 보간 – 베지어]를 클릭합니다.

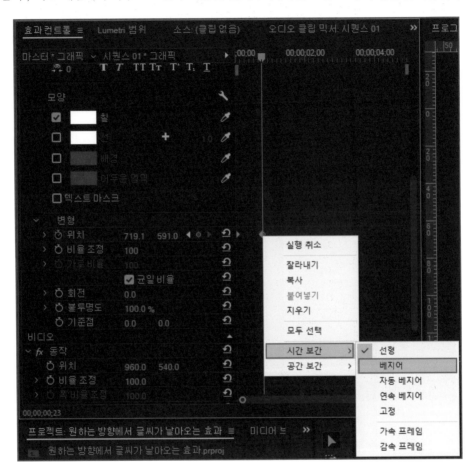

위치 값 좌측에 있는 꺾쇠 모양 아이콘을 클릭하여 그림과 비슷한 모양의 그래프를 만들어줍니다.

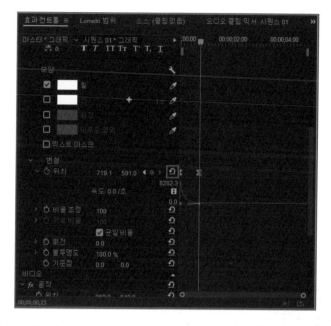

효과가 완성되었습니다. 예제에서는 화면의 좌측에서 글씨가 날아들어오는 효과를 만들어보았지만 위치 값을 이용하여 어느 곳에서든 날아들어오는 효과를 만들 수 있습니다. 또한, 이를 응용하면 글씨가 날아들어온 후 일정 시간이 지나고 반대편으로 날아가는 효과도 만들 수 있습니다. 위치 값의 속도 그래프를 위의 그림과 같이 만드는 것이 반드시 정답은 아닙니다. 하지만 효과가 끝나는 지점에서 가속도가 줄어드는 것이 글씨의 가독성을 높이기 때문에 이와 같이 만드는 것이 일반적입니다.

완성 화면

04 전환 효과 직접 디자인하기

1장에서 다뤘던 화면 전환 효과는 프리미어에서 기본적으로 제공되는 효과입니다. 이제는 애니메이션 토글과 효과를 사용해 전환 효과를 직접 만들어보겠습니다.

1. 줌 인(Zoom In) 효과

동영상 미리보기

'항공 샷'과 '도로' 영상을 불러오고 시퀀스를 생성하여 삽입합니다.

영상 출처 : https://www.pexels.com/ko-kr/video/3121459/
https://www.pexels.com/ko-kr/video/2254244/

프로젝트 패널에서 조정 레이어를 생성하고 V2 트랙 중 첫 번째 영상의 마지막 부분에 맞춰서
삽입합니다.

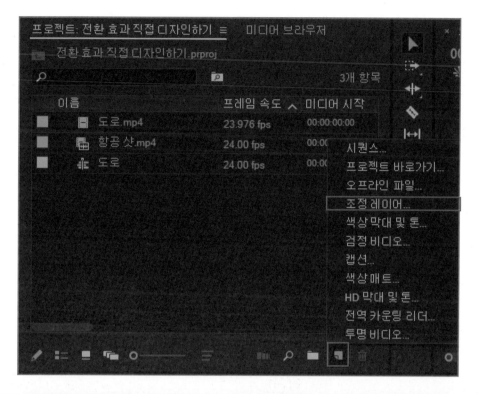

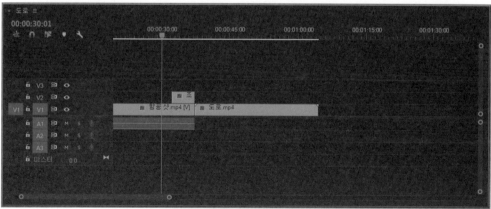

인디케이터를 조정 레이어 오른쪽 끝부분에 위치시킨 후, 왼쪽으로 5프레임만큼 이동시켜 해당 위치에서 조정 레이어를 자르고 왼쪽 부분을 삭제합니다.

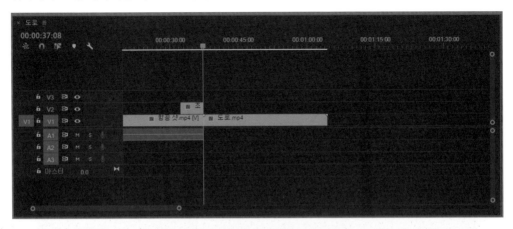

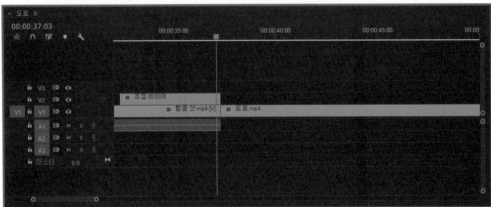

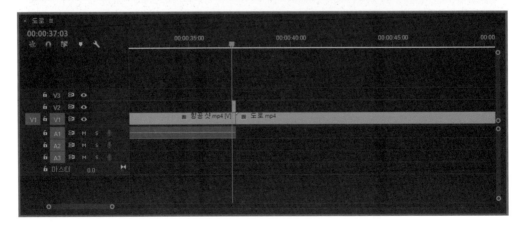

효과 패널에서 '변형(transform)'을 검색하고 '왜곡' 폴더에 있는 '변형' 효과를 조정 레이어에 적용
시킵니다. 조정 레이어를 클릭하고 효과 컨트롤 패널을 활성화시키면 변형 효과를 확인할 수 있
습니다.

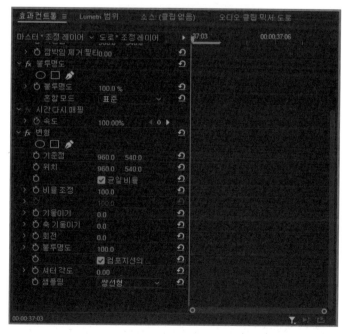

인디케이터를 1프레임 우측으로 옮긴 후 비율 조정의 애니메이션 토글을 활성화시킵니다.

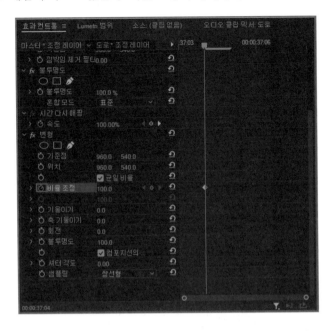

인디케이터를 우측으로 옮긴 후 비율 조정 값을 원하는 만큼(250~300) 증가시킵니다.

두 키 프레임을 모두 선택하고 마우스 오른쪽 버튼을 클릭한 후 [베지어]를 선택하고 그림과 같은 그래프 모양을 만들어줍니다.

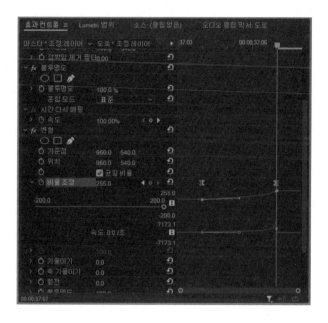

각 키 프레임을 양 끝으로 위치시킵니다.

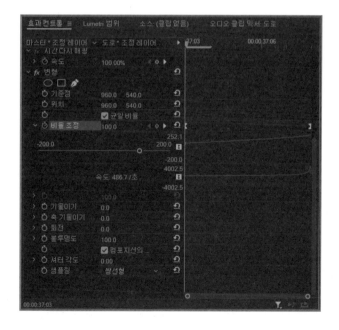

'컴포지션의 셔터 각도 사용'을 선택 해제한 후 '셔터 각도'를 '360'도로 입력합니다.

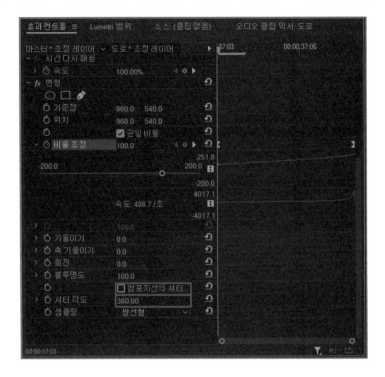

첫 번째 영상으로 빨려 들어가는 듯한 느낌의 효과가 만들어졌습니다. 영상 자체에 있는 비율 조정을 사용하지 않고 변형 효과를 사용하였기 때문에 영상의 잔상을 만들 수 있었습니다.

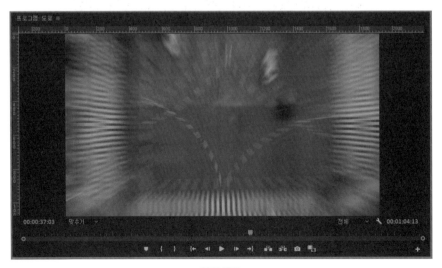

완성 화면

2. 줌 아웃(Zoom Out) 효과

효과를 반대로 적용해보겠습니다. 완성된 조정 레이어를 영상의 맨 앞부분으로 옮깁니다.

조정 레이어의 효과 컨트롤 패널에서 두 키 프레임의 위치를 바꿔줍니다.

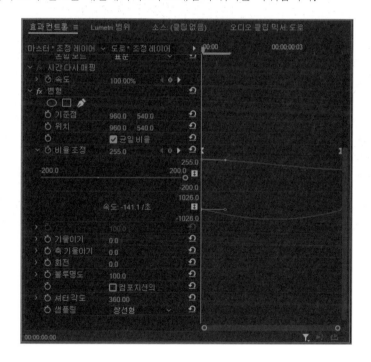

줌 인과 줌 아웃 효과는 이처럼 '변형' 효과의 '비율 조정'을 이용해 만들 수 있습니다. 만일 효과가 지속되는 시간을 바꿔주려면 조정 레이어의 길이를 조절한 후 키 프레임의 위치만 옮기면 간단하게 효과의 길이를 조절할 수 있습니다.

05 화면이 열리는 인트로 만들기

영상이 마치 화면이 열리는 듯한 느낌으로 시작되는 효과를 만들어보겠습니다. 타임스탬프와 키 프레임에서 배웠듯이 효과의 처음과 끝이 어떤 모습인지 생각해보는 것으로 시작됩니다. 효과의 처음은 화면이 완전히 보이지 않는 형태이고, 효과의 끝은 화면이 모두 열려 있는 형태입니다. 화면이 닫혀 있는 효과는 자르기 효과를 사용하여 디자인해보겠습니다.

자르기 효과는 영상의 상하좌우를 원하는 만큼 자를 수 있는 효과입니다.
먼저 샘플 영상을 불러오고 시퀀스를 한 개 만듭니다.

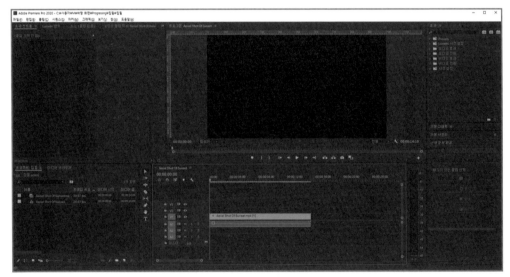

영상 출처: https://www.pexels.com/video/aerial–shot–of–sunset–857021/

오른쪽 상단에 있는 효과 패널에서 '자르기'를 검색합니다.

영상 클립에 자르기 효과를 적용하면 왼쪽에 있는 효과 컨트롤 패널에서 확인할 수 있습니다.

효과를 영상의 맨 처음부터 적용시키기 위해 인디케이터를 영상의 시작 부분에 둡니다. 영상의 중간 지점을 기준으로 화면이 위 아래로 열리게 하기 위해서 '위'와 '아래' 부분을 사용해야 합니다. '위'와 '아래'의 타임스탬프를 활성화하면 인디케이터가 위치한 부분에 키 프레임이 자동으로 생성됩니다.

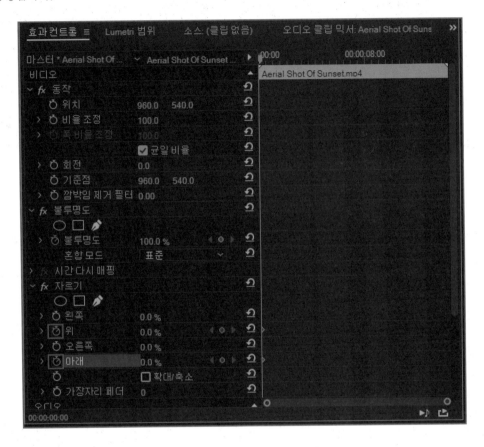

효과의 첫 부분은 영상이 모두 보이지 않게 해야 하기 때문에 '위'와 '아래' 부분을 모두 50%로 설정하여 영상의 위아래가 각각 50%씩 잘리도록 만들어줍니다.

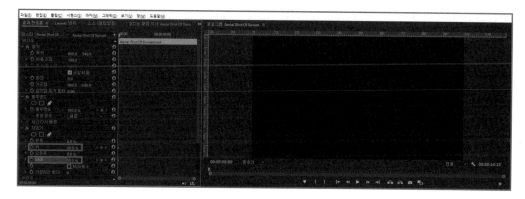

화면이 모두 열리는 시점에 인디케이터를 위치시킵니다. 해당 위치에서 영상이 모두 보여야 하기 때문에 '위'와 '아래' 모두 0%로 설정합니다.

TIP

'위'와 '아래'를 0%가 아닌 10% 혹은 15%로 설정하면 영상의 위와 아래 부분이 조금 잘린 상태로 효과가 마무리되어 마치 영화 화면 비율처럼 보이게 만들 수 있습니다.

영상을 재생해보며 효과가 적용되는 시간을 검토합니다. 효과가 적용되는 시간이 너무 빠르거나 느리다면, 효과가 끝나는 지점에 위치한 키 프레임의 위치를 조절합니다.

화면이 열리는 인트로 영상이 완성되었습니다.

완성 화면

06 흑백이었던 영상에 점점 색감이 입혀지는 효과 만들기

흑백 영상에 점점 색이 나타나는 효과를 만들어보겠습니다. 이번 효과도 효과가 시작되는 지점과 끝나는 지점의 모습을 그려보면 간단하게 디자인할 수 있습니다. 효과가 적용되기 이전의 영상의 모습은 흑백이고, 효과가 끝나는 지점의 영상의 모습은 색감이 입혀진 모습입니다. Lumetri 색상 안에 있는 채도 값을 이용해 간단히 영상에 색감을 입혀보겠습니다.

Lumetri 색상(Lumetri Color) 효과는 영상의 색감을 조절할 수 있는 효과입니다. 시퀀스를 만들고 샘플 영상을 불러옵니다.

동영상 미리보기

영상 출처 : https://www.pexels.com/video/cutting-off-a-the-strawberry-calyx-2542201/

효과 패널에서 'Lumetri 색상'을 검색합니다.

Lumetri 색상 효과를 샘플 영상에 삽입하면 효과 컨트롤 패널에서 확인할 수 있습니다.

Lumetri 색상의 첫 번째 영역인 '기본 교정'의 하위 항목에서 '채도'를 확인할 수 있습니다.

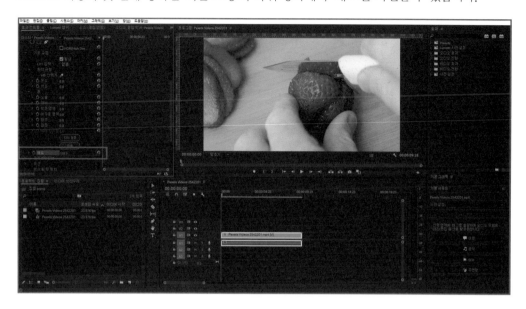

효과가 시작되었으면 하는 부분에 인디케이터를 위치시킨 후 타임스탬프를 활성화합니다.

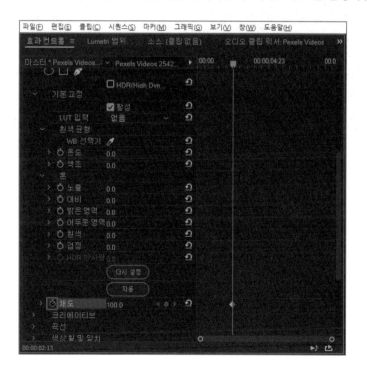

효과의 시작 부분까지는 영상이 흑백이어야 하기 때문에 채도 값을 0으로 설정합니다.

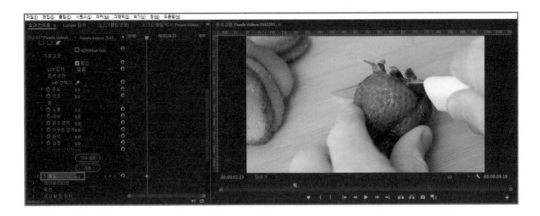

효과가 끝나는 부분에 인디케이터를 위치시키고 채도 값을 100으로 설정합니다. 채도 값은 100이 기본이므로 기본 값으로 설정하여 원래 색감으로 돌려놓습니다.

TIP

영상의 어떤 부분에 효과를 적용할지 고민된다면 피사체의 움직임을 기준으로 생각해보는 것이 바람직합니다. 샘플 영상은 딸기를 자르는 과정을 담은 영상입니다. 자르기 전, 자르는 도중, 자른 후 이렇게 세 부분으로 나누어서 생각해보면, 각각의 장면에 어떤 느낌을 주어야 할지 효과를 적용시킬 부분을 결정할 수 있습니다.

흑백에서 컬러로 전환되는 영상이 완성되었습니다.

완성 화면

07 선에서 글씨가 나오는 효과 만들기

영상의 인트로, 혹은 인터뷰 영상과 같은 영상 내에서 내용이 전환될 때 선에서 글씨가 나오는 효과를 종종 볼 수 있습니다. 글씨가 영상의 밖에서 날아들어오는 효과는 효과 컨트롤 패널에서 위치 값만을 조절하여 간단하게 만들 수 있었습니다. 하지만 영상의 중간 부분에서 글씨가 올라오거나 옆으로 나오는 효과는 위치 값만으로는 만들 수 없습니다. 해당 효과는 위치 값과 함께 마스크 기능을 사용하여 만들어보겠습니다.

동영상 미리보기

샘플 영상을 불러오고 시퀀스를 만들어줍니다.

영상 출처 : https://www.pexels.com/video/trees-covered-in-snow-2077981/

시퀀스에 삽입되어 있는 영상 클립을 클릭하면 왼쪽 상단에 효과 컨트롤 패널이 나타납니다.

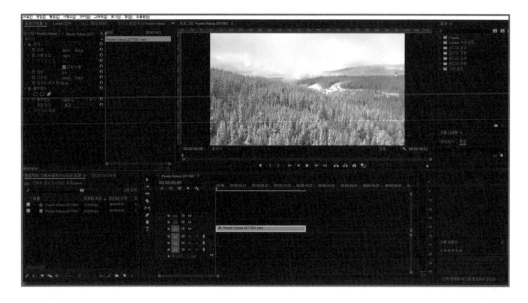

선이 나타날 지점에 인디케이터를 위치시킨 후 사각형 도구로 얇은 선을 그려줍니다. 사각형 도구는 툴 패널에 있는 펜 도구를 길게 클릭하면 찾을 수 있습니다.

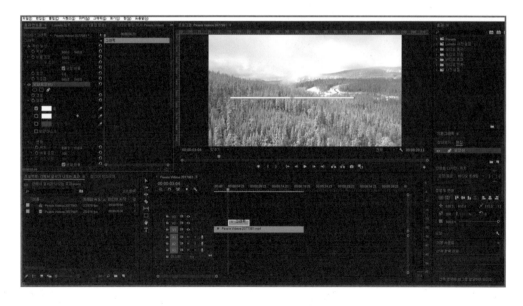

효과 컨트롤 패널에서 '모양(모양01)' 항목을 열어서 '위치' 값을 중앙에서 조금 아래에 위치시킵니다.

선 위에 문구를 적습니다.

배경과 비슷한 흰색이라 가독성이 떨어지므로 글씨와 선 모두 검은색으로 바꿉니다.

이제 효과를 만들어보겠습니다. 먼저 그려진 선 위로 글씨가 나오도록 만들어보겠습니다. 영상 내에서 선이 그려지도록 만들기 위해서는 마스크로 영역을 만들어 놓은 후 선의 위치 값을 이용해야 합니다. '모양(모양01)' 바로 아래에 있는 도형 중 사각형을 클릭하여 마스크를 만듭니다.

마스크의 각 꼭지점을 드래그하여 글씨와 비슷한 크기로 늘립니다.

TIP

위치 값을 초기화하고 세로 값만을 이용해 해당 위치로 이동시킬 수 있습니다.

이제 마스크 내에서만 선이 보이게 되었습니다. 선의 위치 값을 이용하여 왼쪽에서 날아오도록 만들어보겠습니다. 위치 값의 타임스탬프를 활성화시키고 마스크 내에서 보이지 않도록 왼쪽으로 밀어놓습니다.

선이 그려지는 효과가 끝나는 지점으로 인디케이터를 위치시킨 후 선의 위치 값을 오른쪽으로 밀어줍니다.

TIP

키 프레임의 간격을 조정하며 효과가 진행되는 시간을 조절해봅니다.

선이 그려지는 효과를 만들었습니다. 다음으로 적어 놓은 문구가 선 위로 올라오는 효과를 만들어보겠습니다. 이 효과도 마찬가지로 마스크와 위치 값을 이용하여 만들 수 있습니다.

효과 컨트롤 내에 있는 '텍스트' 하단의 도형 중 사각형을 클릭합니다.

적어 놓은 문구가 마스크로 지정한 사각형 내에서만 보이기 때문에 다음과 같이 문구가 전부 보이되 마스크의 하단이 선과 겹쳐지도록 각 꼭지점을 드래그합니다.

'텍스트' 내에 있는 '위치'의 타임스탬프를 활성화하고 세로 값을 조절하여 문구를 아래로 내려줍니다. 이때 인디케이터는 '도형(도형01)'의 '위치' 값에서 생성한 키 프레임 중 오른쪽 키 프레임에 위치시켜놓아야 선이 모두 그려지고 문구가 나오는 효과를 만들 수 있습니다.

문구가 아래에서 올라오는 효과가 끝나는 지점에 인디케이터를 위치시킨 후 세로 값을 위로 올려 문구가 모두 보이도록 합니다.

모든 효과가 완성되었지만 문구가 올라오는 속도가 일정하여 디자인 면에서 아쉬운 부분이 있으므로 약간의 탄력성을 주겠습니다. 방금 생성된 두 키 프레임을 함께 선택한 후 키 프레임에서 마우스 오른쪽 버튼을 클릭하여 [시간 보간 - 베지어]를 선택합니다.

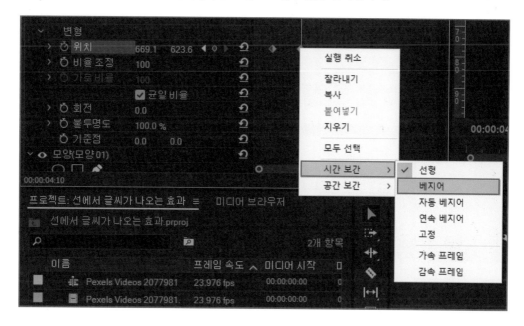

위치 값의 좌측에 있는 꺾쇠 모양을 열어 그래프를 다음과 같이 만들어줍니다.

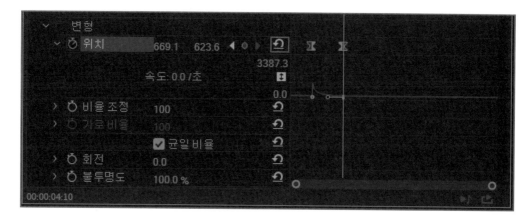

문구가 올라오는 효과에 약간의 탄력성이 생겼습니다. 이제 모든 효과가 완성되었습니다.

완성 화면

08 영상의 특정 부분을 따라다니는 모자이크 효과 만들기

영상에서 자주 접할 수 있었던 모자이크 효과를 만들어보겠습니다. 영상에 모자이크 효과를 적용하는 것은 매우 간단하지만, 특정 부분에만 적용시키고 해당 부분을 따라다니도록 만드는 데는 마스크 기능과 타임스탬프 기능이 모두 필요합니다. 이번에 사용하는 효과는 '모자이크(mosaic)' 효과입니다. 지나가는 2층 버스 중간에 있는 문구에 모자이크 효과를 입혀보도록 하겠습니다(예제에서는 20초 길이의 영상을 앞부분 10초만 사용하겠습니다).

모자이크(mosaic) 효과는 영상에 모자이크를 입히는 효과입니다.

효과 패널에서 '모자이크'를 검색하여 비디오 효과 안에 있는 '모자이크' 효과를 영상에 적용시킵니다(인디케이터는 4초10에 위치시킵니다).

동영상 미리보기

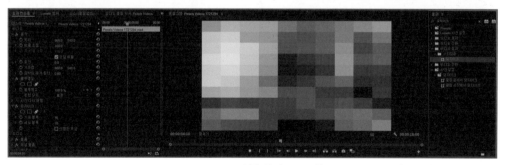

영상 출처 : https://www.pexels.com/ko-kr/video/1721294/

효과 컨트롤 패널 안에 있는 '모자이크' 하단의 사각형 마스크를 클릭합니다.

마스크 영역을 빨간색 버스의 중간에 있는 글씨 부분으로 이동시키고 꼭지점을 조절하여 해당 부분과 비슷한 모양으로 만들어줍니다.

모자이크의 블록 개수를 늘려 조금 더 자연스럽게 만들어줍니다.

마스크의 속성 중 마스크 패스 부분에 있는 재생버튼 아이콘▶(선택한 마스크 앞으로 추적)을 클릭합니다.

마스크 패스의 타임스탬프가 자동으로 활성화되면서 수많은 키 프레임이 생성됩니다. 영상을 재생해보면 자연스럽게 모자이크가 된 것을 확인할 수 있습니다. 하지만 버스가 지나가고 난 뒤에 마스크가 영상의 왼쪽 상단에 계속해서 머무르는 것을 볼 수 있습니다. 해당 부분을 제거하는 방법은 간단합니다. 버스가 지나가기 전과 후의 경계 부분을 컷 편집한 후, 뒷부분 영상의 모자이크 효과를 삭제하면 됩니다.

영상을 재생해보면 앞부분에서 모자이크 영역이 버스를 따라다니지 않고 고정되어 있는 것을 확인할 수 있습니다.

이는 인디케이터가 위치한 부분부터 키 프레임이 생성되었기 때문입니다. 따라서 키 프레임이 없는 영역에도 키 프레임을 생성하겠습니다. 인디케이터를 가장 첫 번째 키 프레임으로 위치시킵니다.

TIP

본 예제에서는 마스크의 활용법을 알기 위해 영상의 컷 편집을 하지 않은 채로 진행하고 있습니다. 실제로 사용할 때에는 미리 컷 편집을 해놓고 진행하는 것이 편리합니다.

마스크 패스의 뒤로 재생 버튼 아이콘◀(선택한 마스크 뒤로 추적)을 클릭합니다.

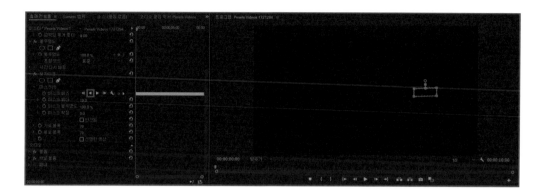

마스크 패스 부분의 모든 프레임에 키 프레임이 생성되었습니다.

완성 화면

TIP

마스크 패스 속성에서 재생 버튼 아이콘▶으로 항상 정확한 모자이크 영역을 만들지는 못합니다. 모자이크 효과를 적용하려는 부분의 경계가 불분명하거나, 주위에 있는 색감과 비슷한 색감을 가지고 있다면 프리미어가 이를 인식하기 어렵기 때문에 영상의 뒷부분에서는 모자이크 영역이 다른 곳에 위치하게 됩니다. 이와 같은 경우에는 각 프레임마다 마스크 영역을 하나씩 설정해주는 수밖에 없습니다.

09 문이 열리면서 다른 공간이 나오는 효과 만들기

집에서 문을 열었는데 갑자기 외국이 펼쳐지는 영상과 같이 어떤 문이든 열었을 때 원하는 장소가 나오는 효과를 만들어보겠습니다. 필요한 영상은 문을 여는 영상과 문을 열었을 때 나왔으면 하는 장소의 영상 두 가지입니다. 문이 열리는 시점부터 마스크를 적용하고 반전시켜 문을 열린 공간을 빈 공간으로 만들고, 해당 빈 공간을 다른 영상으로 채우는 방식으로 만들 수 있습니다.

'해변'과 '문 열기' 영상을 불러오고 '문 열기' 영상을 타임라인 패널로 드래그하여 시퀀스를 생성합니다.

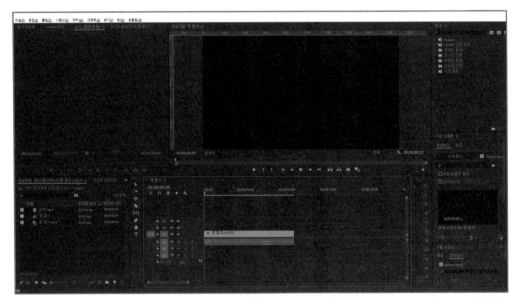

영상 출처 : https://www.pexels.com/ko-kr/video/2231485/

문이 조금 열린 지점으로 인디케이터를 위치시킵니다.

마스크 작업을 용이하게 하기 위해 확대/축소 레벨을 25%로 맞춥니다.

영상을 클릭하여 효과 컨트롤 패널을 활성화시키고 '불투명도' 속성에서 사각형 마스크를 생성
합니다.

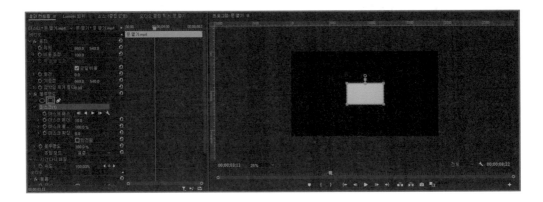

마스크 모양을 조절하여 문이 열린 공간으로 위치시킵니다.

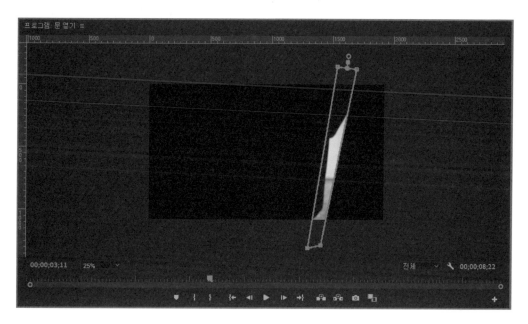

'마스크'의 '반전됨'을 선택합니다. 그리고 '마스크 패스'의 애니메이션 토글을 활성화시킨 후 인
디케이터를 우측으로 세 프레임 이동시킵니다.

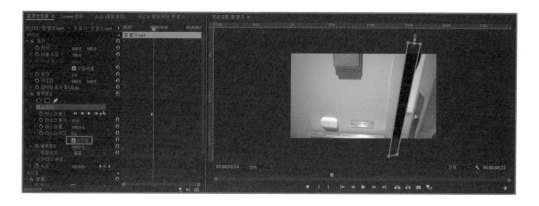

마스크의 모양을 조절하여 열린 부분을 가립니다.

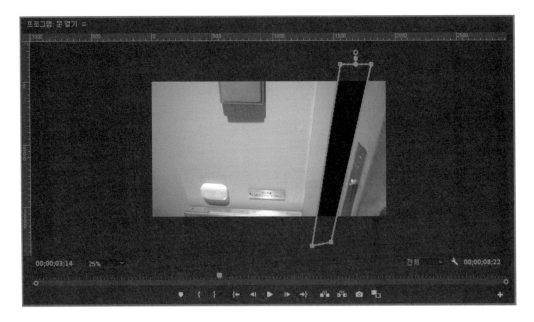

같은 작업을 문이 모두 열리는 부분까지 진행합니다.

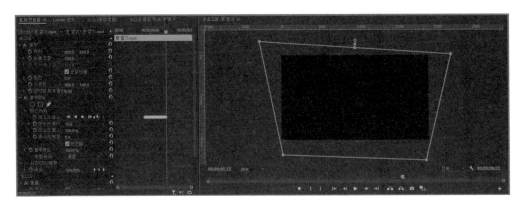

가장 첫 번째 키 프레임으로 돌아와 좌측으로 인디케이터를 옮겨가며 같은 작업을 반복합니다.

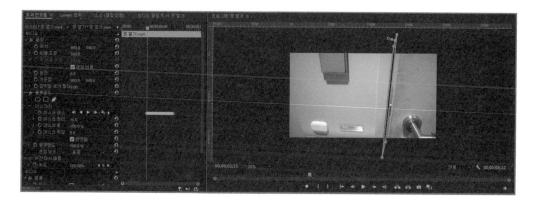

더 이상 마스크의 모양을 조절하기 어려운 부분에서는 영상을 자르기 도구로 잘라줍니다.

앞의 영상에 있는 마스크는 Delete 를 눌러 삭제합니다.

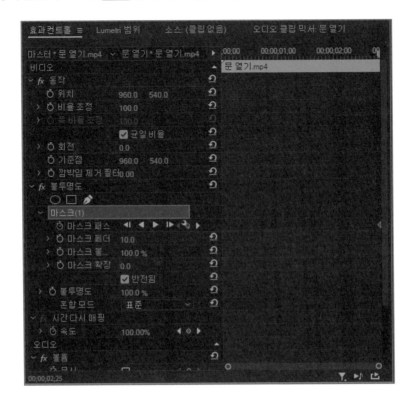

마스크가 있는 영상을 V2로 옮깁니다.

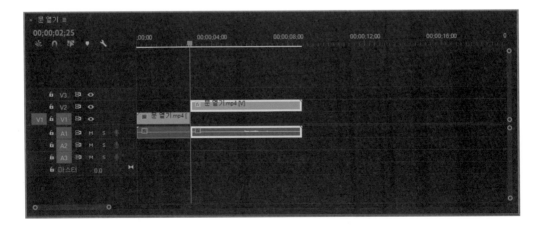

'해변' 영상을 마스크가 있는 영상의 아래에 위치시킵니다. 이처럼 문뿐만 아니라 원형, 다각형 등 다양한 모양이 들어가는 영상을 촬영한다면 언제든 사용할 수 있는 효과입니다.

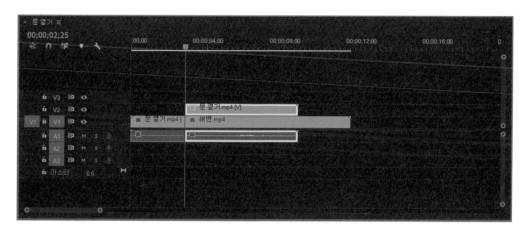

문이 열리면서 다른 공간이 펼쳐지는 효과가 완성되었습니다.

완성 화면

가장 쉬운

동영상
편집

찾아보기